Considerações sobre *A Ilusão da Escolha*

"Ninguém deveria estar autorizado a se aproximar de um papel ou de um computador até que leia este livro. É como um antídoto contra a entediante natureza objetiva e transacional presente em grande parte do marketing moderno."

—*Rory Sutherland,* autor de *Alquimia,* vice-presidente da Ogilvy

"Este livro irá aprimorar o seu trabalho. Se você está tentando desvendar a ciência comportamental ou as estratégias de como aplicá-la, não precisa mais se preocupar — Shotton já resolveu isso para você. Mantenha uma cópia sempre ao alcance — você precisará voltar a ela várias vezes."

—*Jonah Berger,* professor de marketing na Escola Wharton da Universidade da Pensilvânia e autor do best-seller internacional *Contágio*

"As pessoas podem se comportar de modos surpreendentes, que frequentemente são impulsionados por tendências cognitivas. *A Ilusão da Escolha* é um guia direto e prático sobre a dimensão e a aplicabilidade desses vieses. Uma leitura essencial para todo profissional de marketing."

—*Matthew Syed,* esportista olímpico e autor de *O Princípio da Caixa-Preta*

"Alguns livros são elaborados para impressionar com linguagens e jargões complexos. O projeto deste livro, no entanto, foi pensado para ser útil, inusitado e prático, e é por isso que foi escrito de um jeito simples. Aquelas outras obras só servem para decorar a estante ou para aparecer no fundo das reuniões pelo Zoom. Já este livro você realmente irá usar."

—*Dave Trott,* diretor criativo, colunista na *Campaign* e fundador de múltiplas agências

"A forma com que Richard encara o mundo e os consumidores é, ao mesmo tempo, radicalmente diferente e incrivelmente científica. Geralmente, o marketing tem mais a ver com mágica do que com ciência, mas Richard nos mostra onde encontrá-la e como aplicá-la a fim de aprimorar cada elemento de nosso negócio. Seu primeiro livro, *The Choice Factory,* é um dos meus favoritos, e *A Ilusão da Escolha* é tão bom quanto. Esta é uma leitura obrigatória para quem realmente deseja entender os seus clientes."

—*James Watt,* fundador da maior cervejaria artesanal britânica, *BrewDog*

"Em uma leitura fácil, *A Ilusão da Escolha* explica pesquisas menos conhecidas pelo público para fornecer aos consumidores e empresas insights sobre como somos induzidos pelos produtos."

—*Nir Eyal,* autor de *Hooked (Engajado): Como Construir Produtos e Serviços Formadores de Hábitos*

"*A Ilusão da Escolha* é provocativo e prático. Valendo-se do melhor da ciência comportamental, Shotton demostra formas surpreendentes de alavancar o seu negócio."

—*Seth Stephens-Davidowitz,* autor best-seller do *The New York Times* com *Todo Mundo Mente*

"Um guia rápido para aplicar economia comportamental ao marketing, este livro é tão divertido quanto útil; um estratagema exemplar!"

—*Les Binet,* chefe do grupo de Effectiveness, adam&eveDDB

"Aprendi um bocado de coisas lendo este livro e ainda me diverti bastante. Cativante, robusto e, acima de tudo, prático, *A Ilusão da Escolha* é um guia poderoso rumo às dinâmicas psicológicas que moldam os comportamentos deste mundo complexo."

—*Nathalie Nahai,* autora de *Webs of Influence*

"As pessoas costumam falar sobre a 'síndrome do segundo disco'. Não é o caso aqui. Richard conseguiu emplacar mais uma vez."

—*Phil Barden,* autor de *Decoded: The Science Behind Why We Buy*

"Richard escreveu um livro sagaz, agradável e extremamente prático sobre as tendências e as motivações inconscientes que orientam nossas decisões cotidianas, seja nos negócios ou além deles. Contados a partir de uma técnica inteligente de "um dia na vida", experimentos acadêmicos e histórias do mundo real são compartilhados, o que acaba despertando no leitor insights e aprendizados verdadeiros. Eu não pensaria duas vezes ao recomendar *A Ilusão da Escolha* para qualquer um que deseje entender o comportamento humano e aplicá-lo às decisões corporativas. Este é um livro que seria igualmente útil para um CEO ou CMO global ou para uma *bootstrap* startup e uma equipe de liderança em expansão."

—Amelia Torode, ex-CSO da TBWA e fundadora da Fawnbrake Collective

Considerações sobre *The Choice Factory*

"Este livro funciona como um *Haynes Manual* para compreender o comportamento dos consumidores. Você precisa adquirir o seu — e, depois disso, adquirir outro para presentear alguém dos 97% marketeiros que são jovens demais para sequer saberem que diabos é um *Haynes Manual*."

—Rory Sutherland,* colunista do *The Spectator* e diretor executivo criativo, *Ogilvy One

"Em meio a uma cacofonia de declarações exageradas, Richard Shotton detém uma voz serena e equilibrada. Neste breve, porém poderoso volume, você poderá aprender de qual forma o marketing realmente influencia os consumidores. Ou, para os mais prosaicos entre nós, como fazer com que as pessoas reutilizem toalhas, comprem vinho ao escutarem uma música alemã Oompah e escolham um fornecedor de banda larga ao fazer menção à Estação Charing Cross. Para completar, o livro também cita o meu nome (rapidamente), o que também achei bem interessante."

—Mark Ritson,* colunista da *Marketing Week* e professor na *Melbourne Business School

"Útil, memorável e poderoso... Shotton transformou os tesouros da economia comportamental em algo prático."

—*Seth Godin,* autor de *All Marketers Are Liars*

"Abrangente, envolvente e extremamente prático, *The Choice Factory* reúne as peças elementares da mudança comportamental em um só lugar."

—*Richard Huntington,* presidente e diretor de estratégia, *Saatchi & Saatchi*

"Um guia de primeira para quem deseja aplicar a economia comportamental, em vez de apenas estabelecer uma trajetória no mundo do trabalho."

—*Mark Earls,* autor de *Herd*

"Um guia sobre a sua própria mente, um roteiro dos seus pontos cegos, um kit de ferramentas para uma publicidade mais apurada. De forma acessível, *The Choice Factory* emprega conceitos robustos da ciência comportamental para demonstrar como as nossas decisões são tomadas e como podemos influenciá-las. Sintetizando um vasto corpo de pesquisa, experimentos presenciais e numerosos exemplos, Richard Shotton demonstra que existe uma tendência para cada situação e apresenta maneiras de utilizá-la como ferramenta para aprimorar a comunicação."

—*Faris Yakob,* autor de *Paid Attention*

"A partir de exemplos diversos, Richard prova a eficácia de trabalhar junto à natureza humana, e não contra ela. Um verdadeiro *catnip* para a indústria."

—*Phil Barden,* autor de *Decoded: The Science Behind Why We Buy*

"Richard Shotton aplica a economia comportamental sem erros. Este livro é pontual, perspicaz, fascinante e divertido."

—*Dominic Mills,* antigo editor da *Campaign*

"Se você é um profissional de marketing, entender o que realmente cativa as pessoas — em vez do que elas dizem que as cativa — é vital. Este livro nos conduz a um passeio elegante, espirituoso e fácil de absorver pelos 25 princípios básicos da ciência comportamental. Richard Shotton leu muito para que você não precisasse fazer o mesmo, mas caso deseje se aprofundar em alguns dos tópicos abordados, todas as referências estão ali, devidamente citadas. É uma leitura deliciosa e indispensável para qualquer pessoa da área de marketing, especialmente para quem está começando sua carreira."

—*Tess Alps,* presidente da *Thinkbox,* órgão de marketing do Reino Unido para emissoras comerciais

"Finalmente alguém escreveu um guia prático e sensato sobre como aplicar a ciência comportamental à venda de produtos. Pesquisas extensas e exemplos funcionais extraídos da própria experiência do autor, junto ao seu conhecimento enciclopédico da indústria, dão base aos seus fundamentos. Ou seja, este livro tem tudo para se tornar um clássico da publicidade."

—*Steve Harrison,* copywriter, diretor criativo e autor britânico

"Este livro lindamente escrito lança luz sobre as maneiras contraintuitivas pelas quais nossas decisões cotidianas são tomadas."

—*Jules Goddard,* membro da *London Business School*

"*The Choice Factory* é uma leitura fácil e divertida, repleta de pesquisas sólidas que os profissionais de marketing podem aplicar instantaneamente aos seus negócios."

—*Nir Eyal,* autor de *Hooked (Engajado): Como Construir Produtos e Serviços Formadores de Hábitos.*

Outras obras de Richard Shotton

The Choice Factory

16½ vieses psicológicos que influenciam o que compramos

A ILUSÃO da ESCOLHA

Richard Shotton

ALTA BOOKS
GRUPO EDITORIAL
Rio de Janeiro, 2024

A Ilusão da Escolha

ISBN: 978-85-508-2263-1

Impresso no Brasil — 1ª Edição, 2024 — Edição revisada conforme o Acordo Ortográfico da Língua Portuguesa de 2009.

Dados Internacionais de Catalogação na Publicação (CIP)
(BENITEZ Catalogação Ass. Editorial, MS, Brasil)

S563i
1.ed. Shotton, Richard
A ilusão da escolha / Richard Shotton ;
tradução Ana Clara Mattoso. - 1.ed. - Rio de Janeiro: Alta Books, 2024.
192 p.; 15,7 x 23 cm.

Título original: The illusion of choice. Inclui Bibliografia.
ISBN 978-85-5082-263-1

1. Consumidores (Comportamento). 2. Comportamento - Aspectos psicológicos. 3. Marketing. 4. Marketing (Influência). 5. Produtos - Compra e venda. 6. Publicidade e propaganda. I. Mattoso, Ana Clara. II. Título.

05-2024/36 CDD 381.3

Índice para catálogo sistemático:
1. Consumidores : Comportamento : Administração de empresas 381.3
Aline Graziele Benitez - Bibliotecária - CRB-1/3129

Produção Editorial: Grupo Editorial Alta Books
Diretor Editorial: Anderson Vieira
Editor da Obra: José Ruggeri
Vendas Governamentais: Cristiane Mutüs
Gerência Comercial: Claudio Lima
Gerência Marketing: Andréa Guatiello

Produtora Editorial: Isabella Gibara
Tradução: Ana Clara Mattoso
Copidesque: Mariana Naime
Revisão: Cátia Soderi
Diagramação: Celeste Ribeiro

ALTA BOOKS
GRUPO EDITORIAL

Rua Viúva Cláudio, 291 — Bairro Industrial do Jacaré
CEP: 20.970-031 — Rio de Janeiro (RJ)
Tels.: (21) 3278-8069 / 3278-8419
www.altabooks.com.br — altabooks@altabooks.com.br
Ouvidoria: ouvidoria@altabooks.com.br

Editora **afiliada à:**
ASSOCIADO

SUMÁRIO

INTRODUÇÃO X

1. FORMAÇÃO DE HÁBITOS 1
2. SIMPLIFIQUE 15
3. DIFICULTE 25
4. O EFEITO GENERATIVO 37
5. A HEURÍSTICA DE KEATS 45
6. CONCRETUDE 55

6½. PRECISÃO 67

CAPÍTULO BÔNUS: NEGLIGÊNCIA DO VALOR BASE 73

7. AVERSÃO A EXTREMOS 77
8. NEGLIGÊNCIA DO DENOMINADOR 85
9. A NECESSIDADE DO EXPERIMENTO 93
10. ENQUADRAMENTO 103
11. SENSO DE JUSTIÇA 111
12. LIBERDADE DE ESCOLHA 121
13. O EFEITO RED SNEAKERS 129
14. O EFEITO HALO 137
15. A SABEDORIA DO BOM HUMOR 147
16. A REGRA DO PICO-FIM 157

CONCLUSÃO 169

LEITURAS RECOMENDADAS 171

AGRADECIMENTOS 173

ÍNDICE 174

SOBRE O AUTOR 178

INTRODUÇÃO

ALGUMA VEZ VOCÊ já se pegou pensando por que a margarina é amarela? Provavelmente, você deve ter presumido que ela era assim por conta de alguma etapa do processo de fabricação. No entanto, quando a margarina foi criada, sua coloração tinha um tom próximo ao branco — más línguas poderiam até chamá-lo de cinza.

A mudança para a cor familiar aconteceu tempos depois, e o principal responsável pela transformação foi o psicólogo ucraniano Louis Cheskin, contratado pela marca de margarina Good Luck na década de 1940 para alavancar as vendas do produto, que andavam em queda.

Para entender os motivos da preferência dos compradores pela manteiga à margarina, ele bolou um experimento que consistia em convidar diversas donas de casa da região para uma série de palestras durante a hora do almoço. Antes de as falas começarem, era servido um almoço; nada muito elaborado — apenas fatias de pão e alguns pedaços de manteiga fresca.

Ao fim da palestra, Cheskin engatava uma conversa amigável com as participantes.

"Quão cativante foi a fala?" "Foi muito longa?" "Quão bem-vestido estava o palestrante?" "Ah, antes de terminar... o que você achou da comida?"

Cheskin repetiu essa mesma experiência meia dúzia de vezes, sempre alternando entre servir margarina e manteiga. Os resultados confirmaram a opinião predominante sobre os dois produtos: as donas de casa foram muito mais críticas em relação à margarina do que à manteiga.

Até uma reviravolta acontecer. Nos testes, ele tingiu a margarina de amarelo e a rotulou como manteiga e tingiu a manteiga de branco e a rotulou como margarina. Então, quando as participantes menosprezavam a margarina por considerá-la muito oleosa, na verdade era da manteiga que estavam falando.

O propósito da encenação de Cheskin era provar que as nossas expectativas em relação à margarina condicionam se iremos apreciá-la ou não.

Todos os elementos da experiência — cor, cheiro e até a embalagem — contribuem para formar as expectativas e, consequentemente, os gostos. A esse fenômeno, Cheskin atribuiu o nome de "transferência de sensação".

Com essa teoria, Cheskin fez algumas sugestões ao time de marketing da Good Luck. De todas as suas recomendações, a mais importante foi que a margarina perdesse a tonalidade esbranquiçada para se tornar amarela, beneficiando-se assim das associações com a manteiga.

A Good Luck não foi a única que tirou vantagem dessa estratégia. Outras marcas rapidamente copiaram a coloração amarelada e as vendas de toda a categoria aumentaram. Na década de 1950, a margarina superou a popularidade da manteiga — e manteve tal liderança por mais de cinquenta anos.

A abordagem da Good Luck logo se tornou comum. Com frequência, as marcas contratavam psicólogos para compreender quais atitudes poderiam tomar para alavancar as vendas. Apenas Cheskin chegou a trabalhar com marcas do patamar de Betty Crocker à Marlboro e Gerber à McDonald's.

Uma transformação subliminar

Apesar disso, o lugar central que a psicologia ocupou nas marcas não durou. Em 1957, Vance Packard escreveu um livro chamado *The Hidden Persuaders* que vendeu mais de um milhão de cópias e causou um verdadeiro rebuliço.

No livro, Packard relatou uma série de revelações prestadas por um consultor chamado James Vicary a respeito da "publicidade subliminar", termo cunhado por Vicary para descrever a prática de adicionar mensagens ocultas nos anúncios. Supostamente, essas mensagens eram exibidas a velocidade de 1/3000 de segundo — tão rápido que não podiam ser apreendidas de maneira consciente. Segundo Vicary, ele aplicou tal estratégia na campanha de um cinema e, com isso, as vendas de pipoca e Coca-Cola aumentaram em quase 70%.

Durante a atmosfera febril da Guerra Fria, tais especulações de mensagens manipuladoras ocultas assemelhavam-se demais ao controle da mente orwelliano. Assim, a mídia entrou em um frenesi de condenações e o governo americano proibiu a publicidade subliminar. Por tabela, qualquer técnica psicológica acabou vista com maus olhos, e todos esses insights saíram de moda.

O mito do Grande Irmão

No fim das contas, o tempo revelou que Vicary inventara a história da publicidade subliminar e que nunca conduzira nenhum teste. A essa altura, porém, já era tarde demais. Por mais de cinquenta anos, as técnicas psicológicas continuaram sendo rejeitadas.

No entanto, agora isso está mudando. Aplicar a ciência comportamental e a psicologia ao marketing traz resultados positivos tão expressivos que era apenas uma questão de tempo até voltarem a vigorar. Existem três motivos convincentes — os três R — pelos quais você deve se interessar por elas.

O primeiro deles é a *relevância*. Encontrar um assunto que seja mais relevante para as áreas de vendas e marketing do que a ciência comportamental e a psicologia não é fácil. Pense nos principais desafios que as empresas enfrentam: incentivar os compradores a abandonar uma marca concorrente, a pagar mais ou então a adquirir uma gama mais ampla de seus itens. Tudo isso concerne a mudanças de comportamento. Logo, qualquer setor está incluído no ramo das mudanças de comportamento.

Sendo assim, por que você ignoraria todo o aprendizado relativo a mais de 130 anos de experimentações sobre o que torna a mudança comportamental eficiente? Ciência comportamental é justamente isso. O estudo de Cheskin prova como esse tema é relevante. Não eram conceitos acadêmicos abstratos que ele estava pesquisando. Sua percepção sobre o modo com o qual as expectativas afetam o gosto tinha aplicações práticas. Como conclusão, o que a margarina Good Luck precisava fazer não era se concentrar especificamente no sabor do seu produto, mas sim em mudar a sua coloração.

O segundo é *robustez*. Algumas teorias do marketing têm fundamentos duvidosos — frequentemente baseando-se em intuições e pressentimentos. Tomar uma decisão multimilionária pautada nisso não é ideal.

Na ciência comportamental as coisas acontecem de forma diferente. A autoridade não define nenhum parâmetro; todas as constatações devem ser provadas experimentalmente. A ciência comportamental se apoia em estudos revisados por pares de cientistas de renome mundial. A partir dessas bases sólidas, você pode acreditar genuinamente nas descobertas.

Pense na transferência de sensações outra vez. Não foi através de um argumento lógico que Cheskin justificou como o gosto era influenciado pela aparência. Em vez de simplesmente se apoiar no que as pessoas afirmavam, ele montou um estudo controlado no qual pôde analisar quais fatores realmente influenciavam as impressões sobre o sabor do produto.

Pressão social positiva

Por mais fascinante que esse estudo foi à luz da década de 1940, a robustez da ciência comportamental se aprimorou desde então. O experimento de Cheskin, por exemplo, não chegou a ser revisado por pares. Hoje em dia, a maioria das descobertas é. Certamente existem estudos revisados por pares sobre como as expectativas são capazes de afetar o gosto. Em 2006, por exemplo, Raj Raghunathan, professor da Escola de Negócios McCombs, investigou o impacto no sabor ao acreditar que este é saudável.

Um grupo de pessoas foi convidado por Raghunathan para provar uma seleção de comidas e bebidas indianas. Metade dos convidados foi informada de que o lassi (uma bebida de iogurte) era saudável, enquanto a outra metade foi comunicada de que não era. Mais tarde, avaliando o sabor, aqueles a quem foi dito que o lassi não era saudável o qualificaram com uma taxa total de aprovação 55% mais alta do que os demais.

E, finalmente, *raio de alcance*. A ciência comportamental tem raízes na psicologia social, disciplina acadêmica que remonta à década de 1890. Desde então, os psicólogos identificaram a existência de milhares de motivações ocultas no comportamento humano. Essa variedade significa que, não importa qual direcionamento de campanha você emprega, provavelmente encontrará alguma abordagem relevante para utilizar.

Relevância, robustez e raio de alcance são três fortes motivos para aplicar a ciência comportamental ao seu negócio. No entanto, ter a consciência disso e realmente aplicá-la são coisas bem diferentes.

Saber por onde começar pode ser difícil quando existe uma gama tão grande de tendências. O objetivo deste livro é superar esse obstáculo. Por isso, no lugar de percorrer uma infinidade atordoante de abordagens, selecionei aquelas que são as mais pertinentes: 16 ideias e meia de fácil aplicação e que detém o potencial de causar um grande impacto no marketing.

Para que tais ideias sejam compreendidas da forma mais fácil possível, acompanharemos as escolhas que uma pessoa toma ao longo do dia. Cada capítulo começa com uma breve descrição dos detalhes pertinentes a essas decisões. A partir daí, o restante do capítulo irá analisar quais descobertas da ciência comportamental estão por trás dos encadeamentos de pensamentos. Em cada uma delas, iremos nos aprofundar nos estudos acadêmicos ou até mesmo na minha pesquisa e, o mais importante, como aplicá-las para obter vantagem comercial.

E aí, parece interessante? Sendo assim, vamos começar...

1
FORMAÇÃO DE HÁBITOS

VOCÊ ACORDA COM o som irritante do seu alarme. Vagarosamente, consegue abandonar a cama e ir direto ao chuveiro.

Agora que já está realmente acordado, coloca uma roupa e se encaminha para a cozinha.

Depois de tomar uma xícara de café e comer uma fatia de torrada na correria, você se apronta para sair. Você grita "Tchau!" para a pessoa com quem divide os dias, então sai de casa e anda até o ponto de ônibus.

PENSE NA SUA rotina matinal.

Antes mesmo de sair de casa, você precisa tomar uma série de decisões: o que vestir, o que comer, qual caminho tomar para o trabalho.

E a lista só continua.

Mas isso não acontece só pela manhã. São tantas as escolhas que preenchem cada área da nossa vida, das triviais às mais profundas, que acabamos não dando o mesmo nível de ponderação a cada uma delas. Até porque, se o fizéssemos, não suportaríamos o dia.

Nas palavras da psicóloga Susan Fiske, da Universidade de Princeton, somos "mesquinhos cognitivos". Como pensar consome muita energia, nós a racionamos.

Daniel Kahneman tem uma opinião mais dramática sobre isso: "Para nós, seres humanos, pensar é o equivalente à natação para os gatos. Até conseguimos, mas preferimos não fazer."

Em muitas decisões, como o que comprar, para diminuir quanto precisamos pensar, muitas vezes, nos pautamos em hábitos — isto é, simplesmente repetimos o que fizemos da última vez em que nos deparamos com uma situação semelhante.

Quantificando a importância dos hábitos

A importância dos hábitos foi quantificada por Wendy Wood, psicóloga da Universidade do Sul da Califórnia. Em 2002, ela recrutou 209 participantes que, todos os dias, carregavam um alarme que tocava a cada hora, lembrando-os de anotar o que faziam, onde estavam e o que estavam pensando naquele momento.

Se alguém repetisse a mesma ação no mesmo lugar pensando em outra coisa, Wood caracterizava esse comportamento como habitual. Tendo o critério dela como base, 43% do comportamento foi classificado dessa forma.

Uma vez que os hábitos representam uma proporção tão grande do comportamento, os profissionais de marketing precisam compreender os estudos mais recentes sobre como criá-los de maneira eficiente.

Psicólogos como B. J. Fogg, Nir Eyal e Wood criaram seus próprios modelos específicos para descrever a formação de hábitos. No entanto, se fizermos uma combinação entre as conclusões desses diferentes modelos, encontraremos seis pontos relevantes aos negócios.

Vamos analisar cada um deles.

Como aplicar esse viés?

1. *Escolha o momento certo para romper com hábitos existentes*

Quebrar um hábito existente não é uma tarefa fácil. Talvez a citação mais memorável nessa área venha do autor vitoriano Samuel Smiles. Ele escreveu no seu bestseller,[1] *Auto-ajuda,* de 1859:

---

[1] 'Best-seller' é um termo vago que tem sido muito criticado, mas de fato o livro de Smiles merece tal designação. Nos 50 anos após sua publicação, a obra vendeu mais de 250 mil exemplares, sendo superada apenas pela Bíblia.

Tem vezes que erradicar um velho hábito pode ser mais doloroso e muito mais difícil do que arrancar um dente.

Essa citação chama atenção ao fato de que é inútil tentarmos eliminar aleatoriamente o hábito existente de um cliente. É melhor escolhermos um momento em que os hábitos estejam enfraquecidos.

Para nossa sorte, os psicólogos identificaram a existência de vários momentos previsíveis em que os hábitos estão mais fracos. Em *The Choice Factory* [sem publicação no Brasil], abordei alguns deles — como idades terminadas em nove (19, 29, 39...), eventos da vida e hábitos que se solidificam com o tempo. Mas deixei passar um dos mais importantes: recomeços.

A ideia de que as pessoas tendem a adotar novos comportamentos quando novas fases começam — seja no início de uma semana, mês, período letivo ou após um aniversário — foi pesquisada pela primeira vez por Katherine Milkman, da Escola Wharton da Universidade da Pensilvânia.

Ela argumenta que as pessoas nutrem um forte desejo de serem consistentes. Quando entramos em uma nova fase, a relação com o nosso eu do passado enfraquece e torna-se mais simples alterar o comportamento.

Em 2014, Milkman realizou um estudo ao lado de Hengchen Dai e Jason Riis que examinava três tipos de comportamentos:

1. Fazer dieta (através de volumes de busca para termos relevantes).
2. Frequentar a academia (através da presença na academia universitária).
3. Comprometer-se a se dedicar a novas metas (através de dados do stickK, um site no qual as pessoas fazem promessas públicas para transformar o seu comportamento).

Os psicólogos constataram que, nos três conjuntos de dados, era muito mais provável engatar novos comportamentos no começo de uma fase. Por exemplo, a probabilidade de alguém frequentar a academia aumentava em 15% no começo do mês, 33% no início da semana, e 47% em um novo semestre.

A implicação ao marketing nesse caso é óbvia. Se o seu desejo é romper com um hábito, personalize as campanhas focando no início dos períodos.

Um exemplo prático disso pode ser encontrado na polícia de West Midlands. Eles recrutaram ex-infratores para escreverem cartas a criminosos prolíficos, pedindo-lhes que mudassem o comportamento através da inscrição em um programa de reforma policial.

Em algumas situações, as cartas foram programadas para coincidir com o aniversário do criminoso, um período importante de recomeço. Já em outras ocasiões, o momento escolhido para enviar a mensagem foi aleatório. No teste em larga escala de 2.077 cartas enviadas, houve uma taxa de resposta de 4,1% para a campanha direcionada aos novos começos contra 2,6% das enviadas aleatoriamente. Recomeços podem, portanto, ser eficazes até mesmo numa área tão difícil de ser alterada como o crime.

Uma adaptação na recomendação elaborada por Milkman é reformular um momento comum para transformá-lo em um recomeço. Em um estudo de 2015, Milkman e Dai recrutaram 165 estudantes que tentavam conquistar objetivos. Os pesquisadores então fizeram um convite: realizar uma inscrição para receber, por e-mail, um lembrete para ajudá-los a atingir essas metas.

Em alguns casos, os psicólogos enfatizaram que a data escolhida para enviar os lembretes, 20 de março, configurava um novo começo, rotulando-a como o "primeiro dia da primavera". Já em outras situações, a mesma data foi descrita de forma mais neutra, sendo caracterizada como a "terceira quinta-feira de março".

Quando os pesquisadores chamaram a atenção ao recomeço, os estudantes tornaram-se significativamente mais propensos a se inscrever. Com esse cenário, 26% dos alunos inscreveram-se, porém, quando a data foi descrita de forma mais neutra, apenas 7% quiseram participar. Fazer uso do efeito do recomeço fez com que a adesão à campanha triplicasse.

Esse estudo sugere que os interessados em promover uma mudança comportamental não devem formular suas mensagens mirando apenas novas fases — mas também devem transformar momentos aparentemente mundanos em recomeços.

2. *Não dependa da motivação — crie um estímulo*

Uma vez que você consiga interromper um hábito existente, sua próxima tarefa será incorporar um novo.

Uma das descobertas mais sólidas da área é que, se quisermos encorajar uma mudança comportamental, apenas aumentar a motivação não é suficiente. Muitas vezes, um maior desejo não se traduz em mudança de comportamento. Na verdade, isso acontece com frequência tão grande que os psicólogos têm um termo para descrevê-lo — lacuna entre intenção e ação.

Essa ideia se baseia na enorme diferença que frequentemente existe entre aquilo que as pessoas pretendem fazer e o que elas realmente fazem.

Portanto, se deseja estabelecer um hábito, precisará adicionar um estímulo à motivação: um momento, lugar ou ânimo que incitem tal comportamento.

Sarah Milne, psicóloga da Universidade de Bath, demonstrou como é importante a existência de um estímulo. Em 2002, ela recrutou 248 participantes e os separou aleatoriamente em três grupos. O primeiro foi instruído a registrar seus níveis de exercício físico. Quatorze dias depois, quando Milne se encontrou com eles, apenas 35% se exercitaram pelo menos uma vez por semana durante vinte minutos.

Também foi solicitado ao segundo grupo que registrassem os seus níveis de exercício, mas, além disso, eles deveriam ler um folheto motivacional sobre os benefícios de se exercitar. Duas semanas depois, eles se encontraram novamente com Milne. Mesmo que o folheto tenha aumentado a motivação dos participantes, o comportamento do grupo quase não foi alterado. Apenas 38% deles praticaram exercícios pelo menos uma vez por semana. Mais uma vez, a lacuna entre intenção e ação vem à tona!

O terceiro grupo recebeu as mesmas orientações do segundo grupo, no entanto, Milne também pediu aos participantes que indicassem quando, onde e com quem iriam se exercitar. Milne chamou isso de implementação-intenção — na realidade, um impulso para lembrá-los de fazer os exercícios.

Os níveis de motivação deste grupo não foram diferentes do segundo, mas o comportamento foi: 91% se exercitaram pelo menos uma vez por semana. O impulso forneceu ao desejo abstrato algo concreto para se agarrar.

Se o seu desejo é criar um comportamento de compra habitual, não se concentre apenas na motivação. Isso não basta. Você também precisa criar um estímulo para engajar o comportamento.

> **Não se concentre apenas na motivação. Isso não basta. Você também precisa criar um estímulo para engajar o comportamento.**

Dos laboratórios ao mundo real

Se estiver procurando um exemplo prático que ilustre como os estímulos podem ser poderosos, lembre-se da Pepsodent. No início do século XX, quando Claude Hopkins, criativo por trás dos anúncios da marca, buscou melhorar a higiene bucal nos EUA, não sugeriu vagamente que as pessoas escovassem os dentes duas vezes por dia. Em vez disso, os anúncios recomendavam escová-los depois do café da manhã e antes de dormir. Um estímulo estava no cerne daquela que foi, inegavelmente, a campanha de saúde pública de maior sucesso dos últimos cem anos.

Ainda hoje, o valor dos estímulos é evidente. Um exemplo recente aparece na campanha de poupança da Nationwide, de 2019. Junto a agência de publicidade VCCP, a instituição financeira trabalhou para abordar o fato de que 11 milhões de pessoas no Reino Unido possuíam menos de cem libras guardados em poupanças. No lugar de se dedicarem exclusivamente a mudar a motivação para poupar dinheiro, eles também criaram um estímulo.

O dia do pagamento foi o estímulo escolhido. "Dia do pagamento = dia de economizar"[2] era o slogan da campanha, anunciado com frases como "é mais fácil economizar no dia em que você recebe". Os índices mais altos de veiculação da campanha aconteciam no fim do mês, período em que a maior parte das pessoas recebe seus salários.

[2] *Pay Day = Save Day*, em inglês. [N. da T.]

Fiéis à meta de alterar os hábitos de poupança de todas as pessoas, e não apenas dos clientes, alguns dos cartazes foram colocados do lado de fora das concorrentes com a seguinte mensagem: "Faça do dia do pagamento o seu dia de economizar. Mesmo que a sua poupança esteja aqui."

Logo a campanha se destacou de maneira expressiva — segundo a sua base de dados de rastreamento, houve um aumento de 8% de concordância com a afirmação: "Poupar um pouquinho a cada mês é importante". O comportamento das pessoas também mudou; a Nationwide fechou o ano com o saldo de poupança líquida cinco vezes superior ao previsto.

3. *Use um comportamento existente para criar um estímulo*

O exemplo da Nationwide aponta para uma outra estratégia útil. Em vez de criar um estímulo do nada, costuma ser mais proveitoso anexar o comportamento que você está tentando encorajar a algum já existente. Isso é conhecido como "empilhamento de hábitos".

Em 2013, Gaby Judah, do Imperial College London, liderou um estudo sobre o "empilhamento de hábitos" que contou com cinquenta participantes. Metade deles foi instruída a usar o fio dental antes de escovar os dentes, enquanto o restante recebeu a orientação de utilizá-lo depois. A ordem importa — um evento existente opera como um estímulo melhor se ele antecipar o comportamento desejado.

Os resultados confirmaram essa teoria. O grupo pré-escovação usou fio dental, em média, por 23,7 dias, enquanto o outro grupo usou por 25,2 dias, o que representa uma melhoria de 6,3%.

Que tipo de estímulo você deve usar?

Nem todos os estímulos possuem a mesma eficácia. Quanto mais singular for a sugestão, melhor.

Outro experimento realizado por Katherine Milkman, desta vez trabalhando com Todd Rogers, da Universidade de Harvard, comprova isso. Em 2016, eles abordaram quinhentas pessoas do lado de fora de um café oferecendo um folheto com um cupom de US$1 de desconto para a próxima compra que fosse realizada na quinta-feira seguinte.

Para algumas das pessoas abordadas, eles deixaram a informação: "quando você olhar para a caixa registradora na quinta-feira, lembre-se de usar este cupom". Esse foi o grupo de controle.

Em outras situações, as pessoas recebiam a mesma dica da caixa registradora, mas, além disso, na frente do panfleto havia um alienígena verde de pelúcia junto às palavras: "na quinta-feira isto estará na caixa registradora para que não se esqueça". Esse foi o grupo de teste.

Na quinta-feira seguinte, o alienígena foi colocado junto à caixa registradora para que todos pudessem vê-lo. Ele servia como um lembrete para usar o cupom, mas funcionava apenas para aqueles do grupo de teste que foram explicitamente avisados para procurar pela pelúcia.

Das pessoas que foram instruídas a procurarem o alienígena, 24% resgataram o cupom. Já os que receberam o folheto de controle pontuaram apenas 17%.

Se você quer mudar um comportamento, é melhor que torne o seu estímulo o mais distinto possível.

4. *Simplifique ao máximo o comportamento que está tentando encorajar*

O próximo passo é a reação — esse é o comportamento que você deseja encorajar. Simplificar ao máximo um hábito é a melhor forma de fazê-lo.

Uma das maneiras de simplificar um comportamento é usar a técnica de *chunking* — ou seja, fragmentá-lo o máximo que puder. Em 2020, Milkman e sua aluna de doutorado, Aneesh Rai, conduziram um estudo que analisava os efeitos do *chunking* na conclusão de metas.

Trabalhando com uma instituição de caridade, elas pediram aos novos recrutas que se voluntariassem por um determinado período de tempo durante o primeiro ano. Alguns foram convidados a comprometer-se com duzentas horas no primeiro ano, enquanto outros deveriam manter o compromisso de quatro horas por semana. O total é o mesmo nos dois casos, mas fragmentar o compromisso fez com que o nível de voluntariado aumentasse 8%.

Essa não é uma descoberta pontual. Shlomo Benartzi, da Universidade da Califórnia, liderou um estudo que concluiu que sugerir às pessoas que poupassem US$5 por dia era mais eficaz do que falar em US$150 por mês.

Se um compromisso parecer menor, ele intimida menos e logo as pessoas se sentem mais dispostas a assumi-lo.

Chunking não é o único caminho para fazer com que os hábitos se tornem mais fáceis de incorporar. De uma forma mais lateral, as pílulas anticoncepcionais também se utilizam do princípio da simplificação. Para funcionarem, os comprimidos só precisam ser tomados nos primeiros 21 dias de um ciclo composto por 28 dias. No entanto, muitos pacotes contêm 21 pílulas hormonais, juntamente com sete pílulas de açúcar. As empresas farmacêuticas perceberam que é mais fácil para as pessoas manterem um hábito se ele for diário, em vez de parar e começar constantemente.

5. *Desfrute do poder das recompensas incertas*

O passo seguinte é criar uma recompensa. Se um comportamento está em processo de ser incorporado, as pessoas precisam ser recompensadas — seja psicológica, fisiológica ou até monetariamente. Das seis etapas para a criação de hábitos, esta é provavelmente a mais difundida. Mas dentro dela existe ainda uma área subutilizada que os profissionais de marketing podem aplicar de forma eficaz às suas campanhas: o poder das recompensas incertas.

A evidência desse artifício remonta ao trabalho de B. F. Skinner. De acordo com a *Review of General Psychology,* ele foi o psicólogo mais influente do século XX. Em 1930, inventou a caixa de Skinner, uma engenhoca simples que nada mais era do que um recipiente de madeira com uma alavanca em seu interior, que, quando pressionada, distribuía grãos de ração.

Com a caixa, Skinner monitorava todos os tipos de animais, de pombos a ratos. A princípio, eles permaneceram alheios a alavanca. Porém, não demorou muito para que trombassem com ela, sendo então surpreendidos com uma guloseima deliciosa.

Foi necessário que esse processo de colisão seguido de recompensa se repetisse algumas vezes até que, finalmente, os animais aprendessem a função da alavanca. Dali em diante, assim que entravam na caixa, eles se encaminhavam diretamente para a alavanca e começavam a pressioná-la repetidamente.

A partir dessas recompensas, o psicólogo passou a treinar animais a realizarem tarefas cada vez mais sofisticadas. Em uma demonstração impressionante do que essa técnica poderia alcançar, seus alunos ensinaram um coelho a apanhar um dólar e depois depositá-lo através de uma fenda em troca de uma recompensa.

Skinner dedicou toda a sua carreira para compreender que tipo de recompensa seria capaz de moldar melhor o comportamento.[3] Uma das suas descobertas foi que recompensas incertas tinham uma influência maior do que as garantidas. Quando os animais eram recompensados apenas algumas vezes com a comida, o comportamento associado era melhor incorporado do que quando recebiam comida de forma consistente.

Essa foi uma descoberta surpreendente, mas agora nós já sabemos que ela se aplica tanto a pessoas quanto a ratos e pombos.

Um experimento de 2014 liderado por Luxi Shen, psicóloga da Universidade de Chicago, aplicou essa evidência aos humanos. Os 87 participantes recrutados por ela receberam um desafio. Alguns foram incentivados com uma recompensa de US$2 (condição garantida), enquanto outros tinham uma chance de 50% para ganhar US$1 ou US$2 (condição indefinida).

[3] Nem todos os estudos de Skinner foram tão bem-sucedidos quanto a sua caixa homônima. Ele também esteve por trás do bizarro Projeto Pigeon: um experimento durante a Segunda Guerra Mundial para treinar pombos a guiar mísseis. Felizmente, para a segurança de todos nós, tal projeto foi descartado quando os sistemas eletrônicos de orientação se tornaram mais confiáveis.

Com isso, ela descobriu que, quando a recompensa era imprevisível, 70% dos participantes completavam a tarefa, já no cenário pré-definido, apenas 43% seguiam até o fim.

Recompensas incertas são a resposta para aprimorar os programas de fidelidade

Mesmo que a expectativa da condição indefinida funcionar fosse menor, ela era mais motivadora. A excitação que a incerteza gerava agregou um valor para além do valor monetário.

Portanto, se você está tentando moldar o comportamento de seus clientes, desfrute da incerteza. Se tem um programa de fidelidade, pare de oferecer a todos os clientes a mesma recompensa sempre que entrarem na sua loja. No lugar disso, adicione uma dose de aleatoriedade.

Essa foi a abordagem escolhida pela Pret para impulsionar suas vendas de café. Diferentemente dos seus concorrentes, ela não exige que os consumidores fiquem colecionando dezenas de selos para trocar por um café grátis. O que a Pret fez foi treinar as suas equipes a recompensar aleatoriamente os clientes com uma bebida grátis.

Com essa tática, a marca gerou uma reação bem mais positiva do que a abordagem transacional padrão. Vejamos o que o jornalista Harry Wallop do *The Times* tem a dizer sobre a experiência de ganhar um café da Pret:

> Provavelmente esse foi o programa de fidelidade do consumidor mais poderoso da Grã-Bretanha. Como cliente, você se sente como se tivesse acabado de ganhar na loteria. Chegava ao escritório me sentindo como um verdadeiro herói vitorioso, pronto para receber os aplausos dos meus colegas por ser um cara tão sortudo. Nossa, como eu amava a Pret.

Mas, melhor ainda, voltemos a nossa atenção a Dishoom em Mumbai, rede de restaurantes cujo carro chefe são os cafés iranianos. No final da refeição, os clientes podem jogar um dado de bronze, chamado *Matka*. Se tirarem seis, a refeição é grátis.

Matematicamente, o jogo equivale a um desconto de 16,7%, mas emocionalmente a experiência alcança níveis completamente diferentes.

6. *Lembre-se das três táticas mais importantes: repetição, repetição e repetição*

O último elemento da construção de hábitos é a necessidade de repetição. Hábitos não são formados do dia para a noite. Para que um comportamento seja incorporado, você deve repeti-lo.

Algo que escutamos com frequência é que são necessários 21 dias para formar um hábito, mas existem poucas evidências relevantes sobre isso.

Dados mais robustos podem ser encontrados na pesquisa de Phillippa Lally, da University College London. Em 2009, ela recrutou 82 participantes e pediu a cada um que iniciasse um novo hábito. Eram comportamentos simples, como beber um copo d'água no almoço ou fazer flexões depois de escovar os dentes.

Em média, foram necessários 66 dias até que esses comportamentos fossem concluídos sem precisar pensar, o que era a definição de hábito de Lally. Contudo, esse único número mascarou uma variação considerável — 95% das pessoas criaram um hábito entre 18 e 254 dias.

Não confie em um rompante de atividade se está tentando remodelar um comportamento. Você precisará de intervenções mais sólidas.

Sendo assim, se está tentando criar novos hábitos, lembre-se dos seis princípios-chave identificados pela ciência comportamental:

- Concentre a energia no início das fases para quebrar hábitos existentes.
- Não aposte tudo em motivar seu público para que ele mude. A motivação é uma condição necessária, mas não é a única. Ela precisa ser combinada com um estímulo ou com um gatilho.
- No lugar de se esforçar para criar um estímulo completamente novo, muitas vezes pode ser melhor tirar vantagem de algum comportamento que já exista.
- Simplifique ao máximo o comportamento que está tentando encorajar.

- Desfrute do poder das recompensas incertas.
- E, por fim, lembre-se de que a criação de hábitos demanda uma sólida sequência de intervenções.

Todos esses princípios são importantes, mas o ponto sobre a simplificação possui aplicações que transcendem os hábitos. No próximo capítulo discutiremos com mais detalhes a importância de simplificar um comportamento...

REFERÊNCIAS

'Habits in Everyday Life: Thought, Emotion, and Action' por Wendy Wood, Jeffrey Quinn e Deborah Kashy [*Journal of Personality and Social Psychology*, v. 83, n. 6, p. 1281–1297, 2002].

'The Fresh Start Effect: Temporal Landmarks Motivate Aspirational Behaviour' por Hengchen Dai, Katherine Milkman e Jason Riis [*Management Science*, v. 60, n. 10, p. 2563–2582, 2014].

'Put Your Imperfections Behind You: Temporal Landmarks Spur Goal Initiation When They Signal New Beginnings' por Hengchen Dai, Katherine Milkman e Jason Riis [*Psychological Science*, v. 26, n. 12, p. 1927–1936, 2015].

'Combining motivational and volitional interventions to promote exercise participation: Protection motivation theory and implementation intentions' por Sarah Milne, Sheina Orbell e Paschal Sheeran [*British Journal of Health Psychology*, v. 7, n. 2, p. 163–184, 2002].

'Forming a flossing habit: An exploratory study of the psychological determinants of habit formation' por Gaby Judah, Benjamin Gardner e Robert Aunger [*British Journal of Health Psychology*, v. 18, v. 2, p. 338–353, 2013].

'Reminders through Association' por Todd Rogers e Katherine Milkman [*Psychological Science*, v. 27, n. 7, p. 973–986, 2016].

'The Benefits of Specificity and Flexibility on Goal-Directed Behaviour over Time' por Aneesh Rai, Marissa Sharif, Edward Chang, Katherine Milkman e Angela Duckworth [*Working Paper*, 2020].

'Temporal Reframing and Participation in a Savings Program: A Field Experiment' por Hal Hershfield, Stephen Shu e Shlomo Benartzi [*Marketing Science*, v. 39, n. 6, p. 1033–1201, 2020].

'The 100 Most Eminent Psychologists of the 20th Century' por Steven Haggbloom, Renee Warnick, Jason Warnick, Vinessa Jones, Gary Yarbrough, Tenea Russell e Emmanuelle Monte [*Review of General Psychology*, v. 6, n. 2, p. 139–152, 2002].

'The Motivating-Uncertainty Effect: Uncertainty Increases Resource Investment in the Process of Reward Pursuit' por Luxi Shen, Ayelet Fishbach ae Christopher Hsee [*Journal of Consumer Research*, v. 41, n. 5, p. 1301–1315, 2015].

'How are habits formed: Modeling habit formation in the real world' por Phillipa Lally, Cornelia van Jaarsveld, Henry Potts e Jane Wardle [*European Journal of Social Psychology*, v. 40, n. 6, p. 998–1009, 2009].

2

SIMPLIFIQUE

FELIZMENTE O ÔNIBUS para a estação não está tão cheio e você consegue um lugar para se sentar. Ou ao menos metade dele. O passageiro sentado ao seu lado parece estar ocupando bem mais espaço do que deveria.

Você tenta se distrair com alguns afazeres pessoais. Você ainda não reservou nada para as férias de verão e começa a se preocupar se ainda resta alguma boa opção ou se todas já foram reservadas, então começa a procurar por um chalé em um site de comparação de preços.

A princípio, a sensação é agradável... imaginar todos os momentos divertidos da viagem. Mas existem tantas opções intercambiáveis. Como escolher entre a variedade aparentemente infinita de escolhas disponível?

É que é tão difícil. Por que não pode ser mais simples?

Sentindo-se frustrado pela energia desperdiçada, você desiste e prefere ralhar silenciosamente com o seu vizinho de assento.

TIM HARFORD, AUTOR de *O Economista Clandestino*, utiliza uma analogia simples para descrever a mudança comportamental: ou você pisa fundo no acelerador ou solta o freio de mão. Ou incentiva as forças de motivação ou remove as de contenção.

O marketing gosta de pisar no acelerador. Acima de qualquer coisa, seu foco está na mudança motivacional. Mas seria essa a prioridade adequada?

As evidências de Kurt Lewin — psicólogo alemão mencionado por Daniel Kahneman como o seu "padrinho intelectual" — sugerem que não.

Professor da Universidade de Berlim na década de 1930, Lewin desenvolveu um conjunto de ideias que ficou conhecido como análise do campo de forças. A partir dessa teoria, o comportamento é descrito como um equilíbrio entre dois grupos de forças — um que auxilia e outro que dificulta.

Lewin teve o insight de que as pessoas cometem um equívoco se concentrando nas forças favoráveis, quando na verdade deveriam dar precedência às que dificultam. Retomando a analogia do carro feita por Harford, em vez de pisar no acelerador, os profissionais de marketing poderiam pensar mais em soltar o freio de mão. Essa mudança de prioridades repercute em implicações práticas.

> **As pessoas cometem um equívoco se concentrando nas forças favoráveis, quando na verdade deveriam dar precedência às que dificultam. Em vez de pisar no acelerador, poderiam pensar mais em soltar o freio de mão.**

Nas palavras de Kahneman:

> Reduzir as forças restritivas é um tipo de atividade completamente diferente, porque em vez de perguntar "Como posso fazer com que façam isso?", começa assim: "Por que ainda não estão fazendo isso?". O que é uma questão muito diferente. "Por que não?". Então, sistematicamente, você se direciona a cada um e pergunta: "O que posso fazer para facilitar a sua movimentação?". Bem, acontece que, no fim das contas, quase sempre a maneira de tornar as coisas mais fáceis é controlar o ambiente do indivíduo, em termos gerais.

Mais do que uma anedota

Existem muitas evidências experimentais modernas que demonstram a importância de remover as forças restritivas.

Um dos exemplos é o estudo de 2017 realizado por Peter Bergman, da Universidade da Columbia, e Todd Rogers, da Universidade de Harvard, que supervisionou o impacto da restrição nas taxas de inscrição de um novo serviço educativo que oferece aos pais dicas de estudo para os filhos.

De forma aleatória, os psicólogos distribuíram os pais em três categorias de inscrição. Cada grupo recebeu uma mensagem contando sobre os benefícios do serviço, mas a mecânica de inscrição variou para cada um:

1. *Padrão:* os pais podiam se inscrever visitando um site e preenchendo um pequeno formulário.
2. *Simplificada:* os pais podiam se inscrever respondendo "começar".
3. *Inscrição automática:* os pais eram avisados que estavam inscritos, mas que poderiam optar por interromper o serviço respondendo "parar".

As taxas de adesão variaram de acordo com o nível de esforço: 1% para o grupo padrão, 8% para o simplificado e 97% para o inscrito automaticamente.

Assim como Lewin argumentou, pequenas restrições — mesmo em um assunto tão importante como a educação dos filhos — possuem um efeito desproporcional em nosso comportamento.

Mas isso foi apenas a primeira metade do experimento. Na sequência, os psicólogos recrutaram 130 professores, contaram sobre o experimento e pediram que adivinhassem quais as taxas de inscrição em cada cenário.

Os professores sabiam que as restrições reduziriam as inscrições, mas subestimaram e muito a proporção. Previram uma adesão de 39% para o grupo padrão, 48% para o simplificado e 66% para o inscrito automaticamente. Pensaram que as taxas variariam apenas 27 pontos percentuais, quando, na realidade, elas se diferenciaram em impressionantes 96 pontos.

Vamos entender como esse efeito pode ser aplicado ao mundo real.

Como aplicar esse viés?

1. *Gaste mais tempo localizando e eliminando as restrições*

Não são apenas os professores que estão propensos a subestimar a importância da restrição. Isso acontece em todos os lugares e os profissionais de marketing são tão culpados quanto qualquer outro profissional. Temos um problema aí. Se subestimarmos o impacto da restrição, investiremos menos tempo e dinheiro para simplificar a jornada do cliente.

Precisamos nos esforçar mais para nos livrarmos das restrições, como aderir a formulários preenchidos automaticamente, remover etapas desnecessárias ou incentivar compradores irregulares a se tornarem assinantes.

O impacto disso pode ser enorme. Pense na Netflix e na sua mudança para a reprodução automática do próximo episódio. Ou na incorporação do botão "comprar agora" da Amazon.

Qualquer coisa que reduza o esforço do cliente terá efeitos surpreendentemente significativos.

Você pode pensar que o seu produto tem o processo mais simplificado possível. Mas pode ser que valha a pena reconsiderar, já que até mesmo as jornadas de compras mais simples podem esconder algumas restrições.

Considere pedir uma garrafa de champanhe em um restaurante sofisticado. O que poderia ser mais simples? Tudo o que você precisa fazer é levantar o seu braço e um garçom irá se aproximará para anotar o pedido.

Parece bastante simples, mas analise atentamente e encontrará restrições ocultas. Por exemplo, se estiver com um amigo, terá que interromper o fluxo da conversa para fazer o pedido. Ou, se der azar, o garçom não irá olhar para a sua direção e você ficará como um idiota balançando o braço.

Esses podem parecer inconvenientes pequenos, mas as conclusões de Kahneman indicam que eles farão as vendas caírem.

Vejamos o estudo de caso do Bob Bob Ricard, extravagante restaurante do Soho. O local, fundado por Leonid Shutov, ex-publicitário da Ogilvy, eliminou a restrição dos pedidos de champanhe colocando nas mesas um botão "pressione para champanhe". Ao eliminar a barreira mais insignificante, liberaram uma grande parcela de demanda reprimida — nenhum outro restaurante na Grã-Bretanha vende mais champanhe do que esse.

Quando achar que já simplificou o máximo que poderia no processo, lembre-se do botão de champanhe. Talvez exista alguma maneira tão criativa quanto essa de eliminar as restrições em seu negócio.

Fonte: imagem cedida pelo próprio autor.

2. *Concentre-se em fazer com que o primeiro passo da jornada seja o mais simples possível*

Além de procurar atentamente por vestígios de restrições, também existem algumas técnicas mais contraintuitivas da ciência comportamental que podem ser aplicadas. Comecemos pela técnica conhecida como "pé na porta".

Em 1966, os psicólogos Jonathan Freedman e Scott Fraser, da Universidade de Stanford, visitaram alguns proprietários de casas na cidade de Palo Alto, na Califórnia, e ofereceram uma breve palestra sobre segurança no trânsito. Então, os psicólogos perguntaram aos participantes se colocariam uma placa no jardim da frente das casas com a seguinte frase: "dirija com segurança". A placa era grande e, nas palavras dos profissionais, "com letras malfeitas". Sem surpresas, apenas 17% concordaram com o pedido.

Depois, um segundo grupo de proprietários foi abordado. Eles receberam a mesma palestra, mas, desta vez, os psicólogos fizeram um pedido mais simples: que os proprietários colocassem um adesivo discreto em suas janelas apoiando a segurança no trânsito. Praticamente todos concordaram.

Duas semanas depois, na visita ao segundo grupo, houve o questionamento se eles aceitariam colocar a grande placa em seus jardins. Entre aqueles que exibiram o adesivo na vitrine, 76% concordaram.

Freedman e Fraser argumentaram que a eficácia de uma abordagem em duas etapas acontece à medida que ela vai de encontro ao forte desejo das pessoas de se manterem fiéis aos seus comportamentos passados.

Nas palavras dos psicólogos:

> O que pode ocorrer é a pessoa mudar o que sente em relação a se envolver ou a tomar alguma atitude. Depois que ela concordar com um primeiro pedido, sua atitude pode mudar. Ela pode se tornar o tipo de pessoa que faz coisas assim, que concorda com pedidos feitos por estranhos, que escolhe agir em nome daquilo que acredita, que coopera com boas causas.

Se você quiser encorajar grandes mudanças de comportamento, comece solicitando uma leve mudança. Ela deve ser pequena o bastante para exigir apenas o mínimo esforço, mas grande o suficiente para influenciar o senso de identidade pessoal do público-alvo. Assim, uma vez que a menor mudança for efetuada, dê sequência ao que você realmente gostaria de solicitar.

3. *Considere reduzir a quantidade de opções oferecidas*

Pode parecer um pouco surpreendente, mas outra maneira de facilitar a mudança de comportamento é reduzir a quantidade de opções oferecidas aos clientes. As evidências mostram que proporcionar uma ampla gama de escolhas pode interromper o processo de tomada de decisões. A sobrecarga de opções pode fazer com que os consumidores escolham não comprar nada ou simplesmente optem pela opção padrão ou mais barata.

A evidência, que os psicólogos nomearam de paralisia da escolha, surgiu no trabalho de Sheena Iyengar, da Universidade da Columbia, e de Mark Lepper, da Universidade de Stanford. Nos anos 2000, eles montaram uma barraca de degustação em um supermercado nobre, chamado Draeger's, em Menlo Park, Califórnia. Os compradores que passavam pelo local podiam provar uma variedade de geleias e recebiam um cupom de US$1 como um incentivo a compra.

Em algumas ocasiões, havia uma seleção limitada a seis sabores de geleia na barraca, em outras, 24 variedades foram apresentadas.

Dos 242 clientes que passaram pela barraca quando havia uma grande variedade de produtos, 60% (145 pessoas) pararam e examinaram mais detalhadamente. Esse foi um índice favorável comparado ao cenário de opções limitadas, em que apenas 40% dos consumidores pararam (104 entre 260 pessoas).

No entanto, o que realmente importa para a maioria dos profissionais de marketing não são os índices de paragens do cliente, mas os de compra. Nesse ponto, a história mudou. No cenário das 24 geleias, apenas quatro pessoas compraram (1,7% dos clientes), já no cenário das seis geleias, o número de compras chegou a 31 (12%) — uma diferença sete vezes maior.

Os psicólogos argumentaram que esse experimento demonstrou que "embora ter mais opções pareça melhor, às vezes, isso pode gerar consequências negativas para as motivações humanas".

A implicação parece óbvia: reduzir a quantidade de opções oferecidas.

Mas antes que você se apresse em reduzir as ofertas, vale a pena examinar pesquisas complementares que sugerem a existência de outras camadas nessa história. Uma metanálise de 2015 feita por Alexander Chernev, psicólogo da Universidade Northwestern, descobriu que a paralisia da escolha ocorre apenas em alguns contextos. Na sua análise de 53 experiências, ele identificou quatro situações em que as pessoas preferem ter menos opções:

1. Elas não possuem preferências bem definidas.
2. Elas não têm familiaridade com as opções.
3. As opções são similares, sem que alguma se destaque.
4. É difícil avaliar as opções, talvez porque tenham sido apresentadas de modo precário.

Essa pesquisa sugere que, se um desses fatores for aplicável à categoria do seu produto, existe um grande risco da paralisia da escolha. Se não for esse o caso, o cliente poderá ser mais receptivo a uma vasta gama de opções.

4. *Não mexa com a visão de mundo do seu cliente*

Até então, discutimos maneiras literais de simplificar a mudança de comportamento. Geralmente, o foco delas está na remoção de barreiras físicas.

Mas também existem aplicações laterais. E para essas situações, nós iremos nos inspirar numa campanha de forte reputação nos EUA, mas que foi pouco falada no Reino Unido. Uma campanha do Departamento de Transportes do Texas que visava reduzir o descarte de lixo nas ruas.

Na década de 1980, os texanos enfrentavam o problema constante de detritos nas estradas. Cada ano custava US$20 milhões para recolher as montanhas de lixo espalhadas pelas estradas. Todos os anos, o estado publicava anúncios com solicitações aos responsáveis para que "mantenham o Texas bonito",[1] e ainda assim nada mudava.

Em 1985, como reflexo da frustração pela campanha malsucedida, o Departamento contratou a agência de publicidade GSD&M de Austin, liderada pelo criativo Tim McClure. Ele percebeu que os anúncios anteriores refletiam a visão de mundo dos clientes — uma comissão, disse ele brincando, com idade média de 107 anos.

Mas as mensagens de manejo ambiental não funcionaram com os infratores — homens jovens e indisciplinados. Ou em suas famigeradas palavras, "Bubbas[2] em caminhonetes".

McClure constatou então que a barreira à mudança de comportamento era de origem psicológica. As campanhas realizadas tentavam mudar a visão de mundo do público-alvo. Isso impõe uma dificuldade considerável; a maioria das pessoas possui uma resistência em mudar o que pensa.

Em vez disso, a agência alterou a mensagem para que se adequasse à forma com que o público-alvo percebia o seu entorno. McClure então criou o slogan "não mexa com o Texas",[3] que reposicionou o despejo de lixo como uma afronta ao orgulho do estado. Isso até poderia ser feito por um dos intrusos de Oklahoma, mas definitivamente nenhum texano de sangue puro toleraria tal atitude.

Essa certamente foi a campanha antilixo de maior sucesso da história, reduzindo as taxas de descarte impróprio em 72% entre 1987 e 1990. Foi tão bem-sucedida que a frase inclusive entrou na cultura popular — sendo

[1] *Keep Texas Beautiful*, em inglês. [N. da T.]

[2] Homem branco do sul dos Estados Unidos, estereotipado como inculto. [N. da T.]

[3] *Don't Mess with Texas*, em inglês. [N. da T.]

utilizada por George W. Bush em seu primeiro discurso presidencial e estampando um submarino nuclear estadunidense, o *USS Texas*.

É possível aplicar os vieses comportamentais removendo, literalmente, as barreiras físicas que impedem a mudança de comportamento. Mas os maiores benefícios acontecem quando os aplicamos lateralmente — removendo as barreiras psicológicas que bloqueiam a mudança.

5. *Adicione uma restrição se deseja reduzir um comportamento*

Até este momento, abordamos como reduzir barreiras incentiva novos comportamentos desejáveis. Mas o oposto também pode ser aplicado — se um comportamento indesejável cruzar o seu caminho, implemente alguma restrição.

Para isso, podemos observar um exemplo dramático que se deu no campo da prevenção do suicídio. Em setembro de 1998, o governo britânico introduziu uma lei para dificultar as overdoses de paracetamol. A partir de então, os compradores só podiam comprar uma cartela de cada vez e o tamanho máximo da cartela foi reduzido (32 comprimidos em cartelas compradas em farmácias e apenas dezesseis comprimidos em lojas de variedades).

Mesmo se tratando de um assunto tão sério como o suicídio, a implementação desta leve restrição produziu um impacto favorável. Em 2013, o professor Keith Hawton, diretor do Centro de Pesquisas sobre Suicídio da Universidade de Oxford, realizou um estudo para compreender o impacto da legislação. Depois de analisar as informações sobre as taxas de mortalidade (1993–2009, ONS) na Inglaterra e no País de Gales, ele estimou uma redução de 43% nas mortes envolvendo paracetamol após a lei ser aprovada. No período de onze anos analisado por Hawton, isso equivale a uma redução de cerca de 765 mortes.

Simplificar as coisas para o nosso público-alvo é um assunto instrutivo, porque desafia os pressupostos fundamentais sobre o comportamento. Poderíamos supor que, para encorajar uma mudança comportamental, seria necessário concentrar os esforços nas motivações subjacentes. Mas fazer isso significa ignorar como a simplicidade é importante para mudar o comportamento.

Se os comportamentos desejáveis se tornam mais simples de alcançar quando removemos barreiras, ou os comportamentos indesejados se tornam mais difíceis de acontecer quando adicionamos restrições, logo temos mais chances de conseguir que as pessoas façam o que queremos.

No entanto, por mais que essa regra seja válida para a maioria das situações, existem raras ocasiões em que outra tática funciona melhor. Tem vezes que é preciso adicionar restrições a um comportamento desejável. Se isso parece confuso, não se preocupe, no próximo capítulo tudo ficará mais claro...

REFERÊNCIAS

'Release the brake to combat climate change' por Tim Harford [*Financial Times*, 28 fev. 2020].

'How to Launch a Behavior-Change Revolution' [Ep. 306] por Stephen J. Dubner (com Daniel Kahneman).

'The Impact of Defaults on Technology Adoption, and Its Underappreciation by Policymakers' por Peter Bergman e Todd Rogers [*CESifo Working Paper Series*, n. 6721, 2017].

'Compliance without pressure: The foot-in-the-door technique' por Jonathan Freedman e Scott Fraser [*Journal of Personality and Social Psychology*, v. 4, n. 2, p. 195–202, 1966].

'When choice is demotivating: Can one desire too much of a good thing?' por Sheena Iyengar e Mark Lepper [*Journal of Personality and Social Psychology*, v. 79, n. 6, p. 995–1006, 2000].

'Choice overload: A conceptual review and meta-analysis' por Alexander Chernev, Ulf Böckenholt e Joseph Goodman [*Journal of Consumer Psychology*, v. 26, n. 2, p. 333–358, 2015].

Don't Mess with Texas: The Story Behind the Legend por Tim McClure e Roy Spence [2006].

'Long Term Effect of Reduced Pack Sizes of Paracetamol on Poisoning Deaths and Liver Transplant Activity in England and Wales: Interrupted Time Series Analyses' por Keith Hawton, Sue Simkin, Sue Dodd, Phil Pocock, David Gunnell e Navneet Kapur [*British Medical Journal*, v. 23, 2013].

3

DIFICULTE

DEPOIS DE UMA viagem de ônibus que pareceu duas vezes mais longa que o normal, finalmente você chega ao seu ponto.

Você salta e caminha até a estação de trem. Sua caminhada apressada é interrompida por um voluntário em busca de doações para uma campanha. O rapaz, ansioso, pergunta se você poderia contribuir com a quantia exorbitante de vinte libras por semana para ajudar a instituição de caridade infantil.

Você recusa o pedido, indignado com o seu nível de ambição. Sem querer perder a oportunidade, ele muda a estratégia rapidamente.

"Ok", diz ele, "que tal uma libra por semana?" Parece razoável, assim você assina, se sentindo feliz por ter contribuído para transformar o mundo em um lugar ligeiramente melhor.

NO CAPÍTULO ANTERIOR, vimos a técnica "pé na porta" de Freedman e Fraser. O experimento realizado por eles demonstrou que simplificar ao máximo o primeiro passo de uma jornada aumenta a possibilidade de uma mudança comportamental bem-sucedida.

Mas o que aconteceria se você fizesse o contrário? Se dificultasse ao máximo o primeiro passo de uma jornada? Pode parecer imprudente, mas certamente funcionou para o agente da instituição de caridade do exemplo.

Rory Sutherland, fundador da agência Ogilvy Change, argumenta que, em algumas situações, pode ser eficaz agir da maneira oposta à sugerida por um experimento. Ele diz:

Enquanto na física o oposto de uma boa ideia é geralmente uma ideia ruim, na psicologia o oposto de uma boa ideia pode ser, na verdade, uma ideia muito boa: com frequência, ambos os opostos costumam funcionar.

Mas será que Rory está certo?

A técnica "porta na cara"

Para a nossa sorte, não precisamos especular. Em 1975, Robert Cialdini, da Universidade Estadual do Arizona, testou inverter a técnica "pé na porta". Ele chamou sua nova abordagem de técnica "porta na cara".

No experimento, Cialdini abordou algumas pessoas em um campus universitário e perguntou se elas seriam voluntárias durante duas horas no centro de detenção juvenil local. Menos de 17% concordaram.

Em um segundo momento, ele abordou uma amostra diferente de pessoas testando um apelo mais extremo — elas aceitariam ser voluntárias durante duas horas por semana ao longo dos próximos dois anos? Foi um pedido tão absurdo que ninguém aceitou participar.

No entanto, os testes realizados por Cialdini com a segunda amostra de pessoas não se encerraram nesse ponto. Ele então fez um outro pedido — o mesmo que havia feito anteriormente ao primeiro grupo. Elas abririam mão de duas horas do seu tempo em uma única tarde para ajudar no trabalho voluntário? Desta vez, 50% aceitaram.

A probabilidade de as pessoas realmente se comprometerem triplicava caso fossem previamente solicitadas a assumirem um compromisso mais significativo.

Nessa situação, o impacto não se resumiu a promessas vagas: as taxas de participação efetiva também aumentaram. No grupo de controle, 50% daqueles que se comprometeram a ajudar compareceram. Esse número subiu para 85% quando a técnica "porta na cara" foi utilizada.

Mas por que essa técnica funciona?

Uma possível explicação é que ela explora um viés conhecido como reciprocidade, que é definida pelo sociólogo Alvin Gouldner como a regra, presente em todas as culturas, de que "você deve beneficiar a quem lhe beneficia". Em seu best-seller *Influência*, Cialdini lista a reciprocidade como um dos seis princípios de persuasão mais influentes. Essa afirmação foi comprovada por dados experimentais.

Em 2007, Armin Falk, da Universidade de Bonn, enviou 9.846 cartas genuínas pedindo doações para uma instituição de caridade com atuação nos países em desenvolvimento.

Alguns dos potenciais doadores receberam apenas uma carta com informações sobre a instituição de caridade. Outros receberam a mesma mensagem junto com um mimo: um cartão postal individual ou um conjunto com quatro cartões. Para aqueles que receberam os postais foi dito que se tratava de um "presente das crianças de Dhaka" que "pode ser guardado ou ser presenteado a outras pessoas".

Em relação as respostas à carta, foi constatada uma diferença marcante no que diz respeito ao desempenho de cada grupo. Aqueles que receberam os mimos junto delas tiveram uma probabilidade significativamente maior de efetuar as doações. As taxas de resposta aumentaram 17% para o cartão postal individual e 75% para o presente com quatro cartões.

Além do maior índice de respostas, houve também um aumento no valor das doações. A doação média aumentou 63 centavos de libra entre aqueles que receberam o mimo mais singelo e 3,65 libras entre os que se beneficiaram do presente com quatro cartões postais.

A conexão entre reciprocidade e a técnica"porta na cara"

Você deve estar se perguntando, como a reciprocidade e a técnica "porta na cara" se relacionam?

Bem, tratando-se da técnica em questão, aquele que faz o pedido inicia a sua abordagem com uma demanda maior e depois a altera para uma menor. Nesse processo de duas etapas, o solicitante está fazendo uma concessão.

O princípio da reciprocidade sugere que a outra parte se sentirá pressionada a realizar uma concessão semelhante e, assim, concorda com o pedido mais simples.

Nas palavras de Cialdini, reciprocidade significa que: "você deve fazer concessões àqueles que fazem concessões a você".

Vejamos como aplicar esse efeito na prática.

Como aplicar esse viés?

1. *Use uma abordagem em duas etapas para uma mudança comportamental*

Podemos aplicar a técnica "porta na cara" em diversas situações comerciais.

Considere uma negociação. Esse viés pode ser utilizado a partir de um preço astronômico cuja expectativa é que seja rejeitado pelo comprador. Quando isso acontecer, você dá continuidade sugerindo um valor mais razoável. É mais provável que a segunda oferta seja aceita do que se você simplesmente tivesse começado por ela.

Ou então pense sobre incentivar alguém a se exercitar. A técnica "porta na cara" sugere que comece incentivando os atletas amadores a completarem um desafio difícil, como se comprometer a correr uma maratona. Então, quando a sugestão for rejeitada, prossiga com algo mais viável, como completar uma corrida de 5 km.

Uma contradição entre "pé na porta" e "porta na cara"?

Uma questão que pode passar pela sua cabeça agora é se as técnicas "pé na porta" e "porta na cara" são contraditórias. Como ambas podem ser eficazes?

A princípio, parece confuso. Mas talvez a contradição seja apenas superficial. Afinal, as duas técnicas estão tentando realizar a mesma coisa. Ambas são abordagens em duas etapas que tentam fazer com que o primeiro passo *verdadeiro* de uma jornada pareça o mais simples possível.

Isso acontece na técnica "pé na porta" a partir da criação efetiva de uma ação inicial muito pequena. Já a abordagem da técnica "porta na cara" é mais lateral. Em nenhum momento há qualquer intenção de que as pessoas aceitem a oferta inicial. Seu papel é colocar o primeiro passo *verdadeiro* em perspectiva, fazendo com que pareça menor.

Com a técnica "porta na cara" não há qualquer intenção de que as pessoas aceitem a oferta inicial. Em vez disso, ela coloca o primeiro passo *verdadeiro* em perspectiva, fazendo com que pareça menor.

A técnica "pé na porta" altera o tamanho real do primeiro passo, enquanto a técnica "porta na cara" altera a aparência do seu tamanho.

2. *Aplique o efeito IKEA*

Por mais que o tema geral do último capítulo tenha sido "facilite", realmente existem ocasiões em que dificultar o comportamento desejado tem o seu valor.

Essa afirmação toma como evidência os trabalhos de Michael Norton, da Universidade de Harvard, Daniel Mochon, da Universidade da Califórnia, e Dan Ariely, da Universidade Duke, e o artigo de 2012 que escreveram juntos intitulado: *The IKEA Effect: When Labor Leads to Love* [O Efeito IKEA: quando o ofício leva ao amor].

Uma anedota surpreendente inaugura o artigo. Na década de 1950, cada vez mais mulheres norte-americanas entravam no mercado de trabalho; como consequência, o número de casas com ambos os pais trabalhando seguia aumentando. A Betty Crocker, uma marca da General Mills, reconheceu que isso causaria um impacto no ramo dos bolos caseiros: vidas tomadas pela profissão significava menos tempo para criar bolos do zero.

Assim, a Betty Crocker lançou uma mistura instantânea para bolo, capitalizando essa percepção. Assim, tudo o que a pessoa precisava fazer era comprar o produto, adicionar água, misturar e levar a massa ao forno.

Então esperaram pelo sucesso. Mas, apesar de terem criado um produto simples explorando com sagacidade uma tendência social, as vendas decepcionaram.

Por que isso aconteceu?

No início, a gerência ficou perplexa, mas bastou algum tempo para perceberem que haviam facilitado demais o processo. Afinal, a panificação não é só uma fórmula rápida para acumular calorias; muitas vezes, os bolos expressam o amor que você sente por um membro da família ou amigo. Quanto amor realmente pode transmitir se esse processo for tão fácil?

Então, a Betty Crocker decidiu adicionar uma etapa extra ao processo, tornando-o um pouco mais complicado — agora os cozinheiros precisavam acrescentar um ovo à mistura.

O simples ato de exigir um pouco mais de esforço fazia com que as pessoas se sentissem mais como cozinheiras de verdade, e foi aí que as vendas começaram a decolar.

Da anedota à evidência

De fato, é uma boa anedota. Mas será que ela representa uma realidade mais ampla?

Com isso em mente, os acadêmicos decidiram pesquisar mais a fundo. Assim, recrutaram alguns participantes e, para a metade deles, pediram que montassem uma caixa preta da IKEA. Esse grupo foi chamado de montadores. A outra metade, os não montadores, não precisou fazer coisa alguma. No lugar disso, eles foram introduzidos a uma caixa da IKEA pré-montada.

Depois, todos foram convidados a dar um lance em sua caixa e a qualificar o quanto gostaram dela em uma escala de sete pontos.

Em média, os não montadores ofereceram 48 centavos pela caixa. Já os montadores, por sua vez, ofereceram 78 centavos — um aumento de 63%. Além disso, os montadores gostaram da caixa 52% mais do que os não montadores.

Para confirmar se tais evidências não eram exclusivas a essa amostra, Norton, Mochon e Ariely repetiram o experimento, dessa vez com pássaros de origami no lugar das caixas da IKEA. Os resultados que encontraram foram consistentes.

O argumento dos psicólogos foi de que valorizamos mais as coisas quando nos esforçarmos para obtê-las. De forma bastante apropriada, chamaram a descoberta de "efeito IKEA".

Pode ser válido adicionar uma dose de restrição caso você esteja preocupado em aumentar a avaliação de seu produto pelo cliente.

Criando restrições

Existem diversas maneiras de empreender isto. No mundo da alimentação, a Blue Dragon alavancou esse princípio em seus kits de curry. Ao dividir os ingredientes em unidades separadas, os kits exigem mais trabalho do cozinheiro, aumentando a valorização que sentem do produto final.

Em outros setores, a Apple, por exemplo, aplicou esse mesmo princípio às suas embalagens. De acordo com Tom Vanderbilt, foram necessários meses até que a quantidade certa de restrição fosse implementada ao processo de abertura do pacote. Eles criaram:

> Uma caixa que ao ser aberta possui entraves e restrições na medida certa para criar uma pausa tentadora enquanto o seu novo celular é revelado... Como resultado, não temos apenas uma embalagem sofisticada, mas um ritual cuidadosamente orquestrado. Não irá simplesmente abrir a caixa como se estivesse rasgando um pacote de batatas. Você é conduzido àquele universo.

Até mesmo o vinho pode se beneficiar dessa estratégia. O esforço atrelado ao ato de retirar a rolha pode significar que apreciamos o conteúdo ainda mais do que se viesse em uma garrafa de tampa de rosca.

Mas se você não ficou convencido, existem evidências experimentais que tornam o argumento do vinho mais palpável.

Em 2017, Charles Spence e Qian Wang, da Universidade de Oxford, recrutaram 140 participantes e lhes pediram que experimentassem dois vinhos malbec. Em uma ocasião, o grupo bebeu o vinho depois de abrirem uma garrafa com tampa de rosca; já em outra, eles fizeram o mesmo processo, mas com uma garrafa com rolha.

Mesmo que, sem saber, os participantes beberam exatamente o mesmo vinho. Quando precisaram utilizar um saca-rolhas para abrir a garrafa, a qualidade do conteúdo foi avaliada em 10% superior e a intensidade do sabor, em 4% mais elevada.

A partir de um experimento complementar sagaz, os psicólogos apontaram que o aumento nas classificações aconteceu em razão do esforço empregado para abrir a garrafa e não pela associação genérica que atrela rolhas à boa qualidade. No segundo estudo, dois vinhos foram novamente postos à prova, mas, desta vez, as pessoas que o provaram não os abriram — elas apenas escutaram outra pessoa fazê-lo. Alguns ouviram o estalo da rolha sendo retirada; outros, o barulho da tampa de rosca. Nesse estudo, o aumento na percepção sobre a qualidade caiu para 8% e o aumento relacionado a intensidade do sabor pontuou apenas 1%.

Duas táticas distintas estão em jogo quando falamos de "facilitar" e "dificultar". Ambas podem agregar à marca. A natureza desse impulso, no entanto, sofrerá variações. "Facilitar" é a abordagem correta se a sua prioridade for a ação e não a atitude, já "dificultar" é mais apropriada aos casos em que o seu desejo é melhorar as percepções de qualidade.

É preciso reconhecer o momento certo para fazer uso de cada uma dessas táticas.

3. *Assegure-se de que os seus clientes reconheçam a quantidade de esforço que você empregou*

Se, para você, tudo isso não passa de uma troca desagradável, existem ocasiões em que você pode obter o melhor dos dois mundos. Neste ponto, precisamos nos voltar para uma ideia chamada "a ilusão do esforço".

Antes de discutirmos as evidências experimentais, vejamos uma história de Dan Ariely. Durante um show, o acadêmico conheceu um chaveiro idoso que lhe contou sobre sua carreira. Quando o comerciante era um jovem aprendiz, os serviços pareciam intermináveis e, em alguns momentos, fora preciso arrombar as portas de clientes. Mas todo o seu trabalho foi bem recompensado com gorjetas generosas.

Ao longo dos anos, arrombar fechaduras tornou-se mais rápido e fácil. Em questões de segundos os seus clientes já estavam dentro de casa. Mas, em vez de ser recompensado pela sua competência, os clientes não pareciam muito felizes em lhe pagar, quem dirá em lhe dar gorjetas!

A anedota do chaveiro demonstra a ilusão do esforço. Essa descoberta diz respeito ao fato de que as pessoas tendem a valorizar mais as coisas quando reconhecem o trabalho que foi dedicado a elas. Portanto, no lugar de dificultar as coisas para o usuário final, assegure-se de que ele reconheça quanto esforço e dificuldade você, como marca, precisou empreender.

Isso não é mera suposição. Existem evidências acadêmicas que atestam esse viés psicológico.

Em 2005, Andrea Morales, professora assistente da Universidade do Sul da Califórnia, realizou um teste para averiguar se os consumidores recompensavam as empresas que demonstravam um esforço superior.

No estudo dela, os participantes leram que haviam contratado um corretor imobiliário para ajudá-los na busca por um apartamento e que tal profissional criou, com base nas suas preferências, uma lista com dez imóveis recomendados.

Os participantes foram levados a acreditar que as listas foram criadas a partir de dois métodos diferentes. Metade deles pensou que o corretor de imóveis passara nove horas criando a lista manualmente; enquanto a outra metade achou que o agente passara apenas uma hora dedicado à função, utilizando o suporte de um computador.

Após terem lido o cenário descrito, os participantes avaliaram o agente de 1 a 100. Na condição de baixo esforço, avaliaram em 50 o corretor de imóveis, enquanto na condição de alto esforço esse número subiu para 68. O que representa um aumento significativo de 36%.

Mostre a sua dedicação

Tempo e esforço não são os únicos fatores em cena. A transparência é fundamental: os consumidores não podem ter dúvidas de que existe de fato um trabalho acontecendo.

A importância da transparência é demonstrada por um estudo de 2011 realizado pelos pesquisadores Ryan Buell e Michael Norton, da Harvard Business School. Eles solicitaram a 266 participantes que reservassem suas passagens utilizando diferentes versões de um site de viagem fictício.

Enquanto os participantes aguardavam pelos resultados, eles viam ou uma lista com os voos pesquisados sendo constantemente alterados ou uma barra de progresso opaca. Depois disso, o serviço deveria ser avaliado.

Com o recurso da transparência — isto é, quando podiam ver a lista dos voos sendo pesquisada em vez da simples barra de progresso —, o site obteve dos participantes uma avaliação 8% mais alta.

O esforço precisa se tornar visível. Uma opção é fazer isso literalmente, como no exemplo do site de viagens. Os serviços digitais são particularmente favoráveis nesse caso.

Mas você também pode usar o seu RP para fazer isso. A Dyson é um grande exemplo dessa abordagem. Regularmente, eles informam as pessoas sobre o fato de terem testado 5.127 protótipos antes de construírem o aspirador perfeito.

A Domino's utiliza-se bem do princípio da ilusão de esforço ao aplicá-lo à sua transparência operacional, em seu aplicativo; nele, os clientes recebem atualizações em tempo real das tarefas necessárias para fazer a pizza. Outro exemplo é o banco espanhol BBVA, que adicionou nos caixas eletrônicos uma animação mostrando as notas sendo contadas enquanto os clientes aguardam pelo dinheiro.

O mundo físico também oferece oportunidades para as marcas. Esse efeito pode ser explorado pelos restaurantes, ao permitir que os clientes vejam o trabalho árduo realizado nas cozinhas. Em um experimento distinto de 2017, Buell mostrou que, se os clientes conseguem ver os pratos sendo preparados, eles os avaliam em um número 22% maior do que avaliam a mesma comida quando não conseguem observar o seu preparo.

Mas tenha cautela.

Esse viés não se justifica em um produto ruim. Em um experimento final, Buell criou um site de namoro online falso e manipulou a qualidade dos perfis com os quais os usuários davam *match*: às vezes eram mostradas opções adequadas, às vezes, não. Ele também variou a transparência do site relacionada aos esforços empregados — em algumas ocasiões, mostrava aos usuários como os *matchs* foram definidos (por variáveis como idade, altura, localização, preferências), mas em outras ocasiões essas informações permaneciam ocultas.

A descoberta de Buell foi muito precisa. Quando um *match* adequado era apresentado aos participantes, a ilusão do esforço fazia com que ficassem ainda mais felizes com os resultados. Mas quando recebiam *matchs* inadequados, a transparência relativa ao esforço para encontrá-los agia da forma contrária, deixando-os mais insatisfeitos com o serviço. Parece que esse efeito intensifica as opiniões das pessoas sobre as marcas, em vez de subvertê-las.

Assegure-se de que esse viés seja explorado no design e no marketing do seu produto; mas, o mais importante, garanta primeiramente que ele seja admirável.

Neste capítulo, discutimos uma série de benefícios de "dificultar". No entanto, existe um que ainda não abordamos. Ele diz respeito a ideia de que, se você adicionar um pouco de dificuldade à interpretação de uma mensagem, a sua capacidade de ser memorizada pode aumentar. Essa é uma tática útil para as marcas. Tão útil que inclusive merece um capítulo próprio...

REFERÊNCIAS

'Reciprocal Concessions Procedure for Inducing Compliance: The Door-in-the-Face Technique' por Robert Cialdini, Joyce Vincent, Stephen Lewis, Jose Catalan, Diane Wheeler e Betty Lee Darby [*Journal of Personality and Social Psychology*, v. 31, n. 2, p. 206–215, 1975].

'Gift Exchange in the Field' por Armin Falk [*Econometrica*, v. 75, n. 5, p. 1501–1511, 2007].

'The IKEA Effect: When Labor Leads to Love' por Michael Norton, Daniel Mochon e Dan Ariely [*Journal of Consumer Psychology*, v. 22, n. 3, p. 453–460, 2012].

'Zen and the art of opening an iPhone box' por Tom Vanderbilt [*1873 Magazine*, jul. 2019].

'Assessing the Impact of Closure Type on Wine Ratings and Mood' por Charles Spence e Qian Wang [*Beverages*, v. 3, n. 4, p. 52, 2017].

'Giving Firms an "E" for Effort: Consumer Responses to High-Effort Firms' por Andrea Morales [*Journal of Consumer Research*, v. 31, n. 4, p. 806–812, 2005].

'The Labor Illusion: How Operational Transparency Increases Perceived Value' por Ryan Buell e Michael Norton [*Management Science*, v. 57, n. 9, p. 1564–1579, 2011].

'Creating Reciprocal Valuethrough Operational Transparency' por Ryan Buell, Tami Kim e Chia-Jung Tsay [*Management Science*, v. 63, n. 6, p. 1657–2048, 2017].

4

O EFEITO GENERATIVO

CONFORME VOCÊ ATRAVESSA o saguão da estação de trem, um cartaz chama a sua atenção.

Nele está escrito: "OB_S_DADE pode causar câncer". A organização responsável pelo pôster é o Cancer Research UK. Você se detém por uns instantes enquanto preenche mentalmente as letras ausentes.

Logo abaixo do título, o texto lhe fornece mais detalhes: "Depois do cigarro, adivinhe qual é a causa de câncer que mais pode ser evitada?"

Ah, obesidade, você diz para si mesmo.

O CARTAZ DO instituto de pesquisa Cancer Research UK aplicou em seu conteúdo uma tática da ciência comportamental conhecida como "efeito generativo". Esse viés de memória foi reconhecido pela primeira vez a partir das pesquisas de Norman Slamecka e Peter Graf, da Universidade de Toronto.

Em 1978, eles apresentaram a 24 alunos uma série de diversos cartões compostos por um conjunto de palavras. Metade deles recebeu cartões com duas palavras de significados semelhantes, a saber, *rápido* e *ágil*. As mesmas palavras foram mostradas ao restante dos participantes, mas com uma pegadinha. Apenas uma delas possuía todas as letras, na outra, uma letra estava faltando. Assim, seguindo com o nosso exemplo, *rápido* e *ági_* eram as palavras escritas no cartão.

Uma vez que todos os participantes já tinham lido todos os cartões, os pesquisadores testaram suas memórias. Comparado ao outro grupo que não precisava fazer nada além de ler o que estava escrito nos cartões, o grupo que precisou completar a sentença com a letra ausente teve uma probabilidade 15% maior de se lembrar do que estava escrito.

Atualizando a descoberta

Por mais interessantes que sejam as descobertas dos psicólogos canadenses, elas podem gerar alguns questionamentos sobre a sua validade; afinal, o estudo já tem 45 anos e se baseou em uma pequena amostra de estudantes. Além disso, as palavras que estudaram não se relacionam ao mundo dos negócios ou do marketing.

Essas fragilidades encorajaram a mim e a Mike Treharne, da Leo Burnett, a atualizarmos o estudo. Em 2020, pedimos a 415 pessoas que lessem os nomes de marcas setorizados em cinco categorias: automóveis, bancos, beleza, supermercados e eletrônicos.

Para algumas pessoas, mostramos a palavra completa (por exemplo, o nome do banco HSBC), já para outras, era necessário preencher os espaços em branco nos nomes das marcas (ainda com o mesmo exemplo, o banco H_BC). Mais tarde, pedimos que identificassem quais marcas viram.

Nossos resultados comprovaram as descobertas originais do estudo de 1978. Foram lembradas 92% das palavras incompletas em comparação com 81% de memorização das palavras inteiras. Portanto, as incompletas foram 14% mais memorizadas do que as outras. Ou, se olharmos a partir da perspectiva oposta, era duas vezes e meio mais provável que alguém não se lembrasse de uma marca quando simplesmente lesse o seu nome.

Percebemos com isso que o esforço cognitivo envolvido no ato de gerar uma resposta implica em uma maior retenção da informação.

Vejamos então como podemos aplicar esse viés.

Como aplicar esse viés?

1. *Aplique o efeito generativo de maneira lateral, e não simplesmente literal*

O cartaz do Cancer Research UK, mencionado na introdução deste capítulo, foi de fato um anúncio real de 2019. Nesse exemplo, o efeito generativo é aplicado literalmente. Assim, o experimento realizado por Graf e Slamecka foi convertido diretamente em uma campanha. Ao fazer uso dessa estratégia, a evidência sugere que o Cancer Research UK teria aumentado a capacidade de memorização do seu conteúdo. No entanto, mesmo que seja possível aplicar essa tática uma ou duas vezes, o mais provável é que ela seja muito específica para ser utilizada repetidamente.

No que diz respeito aos experimentos da ciência comportamental, sua importância encontra-se justamente em não se prender aos seus detalhes superficiais, mantendo o foco na descoberta mais relevante. Nesse sentido, o principal insight que podemos extrair do efeito generativo é que engajar o público — exigindo dele algum nível de esforço — potencializa a sua capacidade de memorização.

Quando pensamos nesse insight em termos mais amplos, as oportunidades para aplicá-lo se tornam mais vastas.

Considere o clássico anúncio de David Abbott para o *The Economist*, que declarava:

> "Eu nunca li The Economist." Trainee de gestão. 42 anos de idade.

Mesmo sem ter removido nenhuma letra, o criativo do jornal ainda conseguiu fazer uso do efeito generativo. Apresentando indiretamente o seu ponto de vista e demandando de seus leitores um leve trabalho de processamento mental, o texto pôde garantir a sua memorização. A força dessa abordagem lateral reside no fato de que, a partir dela, você pode veicular toda uma série de outros anúncios, ao passo que em campanhas com as letras removidas, por exemplo, essa opção fica mais limitada.

Os melhores anúncios costumam ser memoráveis porque exigem um pouco de esforço: você se sente inteligente ao decifrá-los e quer comentar sobre eles com os amigos. A habilidade de um grande criativo pode ser resumida em balancear o esforço empregado em solucionar quebra-cabeças com o potencial de fazer com que as pessoas se permitam a um momento de pausa para refletir.

Os melhores anúncios costumam ser memoráveis porque exigem um pouco de esforço: você se sente inteligente ao decifrá-los e quer comentar sobre eles com os amigos.

Fora do mundo comercial, os escritores já reconheceram há muito tempo a importância de deixar algo para o público fazer. Em 1956, C. S. Lewis escreveu uma carta destinada a Joan Lancaster, uma jovem fã de seu trabalho, com os seguintes conselhos sobre a escrita:

> Não utilize adjetivos que apenas cumprem a função de nos dizer como você quer que nos sintamos em relação ao que está sendo descrito. Com isso quero dizer que, em vez de nos dizer que algo foi "terrível", descreva o que aconteceu de forma que gere um terror nos leitores. Não diga que algo foi "maravilhoso"; faça com que, ao lerem a sua descrição, digam que é "maravilhoso". Sabe, todas essas palavras (horripilante, encantador, odioso, deslumbrante) servem apenas para lhes passar uma impressão do tipo: "Por favor, faça o meu trabalho por mim."

2. *Fazer perguntas potencializa o efeito generativo?*

Uma das maneiras de balancear as demandas conflitantes entre facilitar e oferecer uma dose de esforço em um texto é propor nele uma pergunta simples. Isso porque o esforço mental associado à elaboração de respostas por parte do leitor ativa o efeito generativo.

E como se não fosse o bastante, ainda existe um outro benefício nessa estratégia: as perguntas potencializam a persuasão.

A comprovação desse insight aparece em 2004, quando Rohini Ahluwalia, da Universidade do Kansas, e Robert Burnkrant, da Universidade Estadual de Ohio, recrutaram 135 participantes e lhes apresentaram a uma série de anúncios.

Todos eles transmitiam a mesma informação, mas às vezes a forma com que ela era comunicada acontecia por meio de uma pergunta e outras vezes, através de uma afirmação. Assim, em um dos exemplos, o anúncio dizia: "Você sabia que usar sapatos Avanti pode reduzir o risco de desenvolver artrite?", enquanto o outro afirmava: "Usar sapatos Avanti pode reduzir o risco do desenvolvimento de artrite."

Por último, os participantes responderam a um questionário com questões sobre como se sentiram em relação ao anúncio cuja pontuação variava em escalas de nove pontos: o anúncio era bom ou ruim? Favorável ou desfavorável? Legal ou horrível?

Comparado com quem havia lido a frase afirmativa, aqueles que leram o anúncio com a pergunta avaliaram positivamente a marca em 14% a mais.

Agora, por que as perguntas são tão persuasivas?

Os psicólogos acreditam que as perguntas são eficazes porque permitem que o público se sinta no controle da situação. Como disse o autor Arthur Koestler: "O artista domina seus temas transformando-os em aliados".

Jonah Berger, professor da escola Wharton, argumenta, na *Harvard Business Review,* que, no caso das perguntas, essa ideia é explorada à medida em que elas alteram o papel do ouvinte:

> Em vez de contra-argumentar ou de refletir sobre todas as razões pelas quais discordam, eles estão ordenando as respostas à pergunta que lhes foi feita e os sentimentos ou opiniões que possuem sobre o assunto. E essa mudança aumenta a adesão. Ela incentiva as pessoas a se comprometerem com a conclusão, porque enquanto as pessoas podem não ser fãs de seguir o exemplo de outra pessoa, elas ficam mais do que satisfeitas quando seguem o seu próprio. Assim, a resposta à pergunta não é uma resposta qualquer; é a resposta deles, refletindo seus pensamentos, crenças e preferências pessoais. Isso aumenta a probabilidade de impulsionar a ação.

Isso não se trata apenas de um argumento teórico. Um dos maiores anúncios políticos estadunidenses, por exemplo, explorou essa estratégia. Quando John F. Kennedy concorreu à presidência em 1960, ele quis salientar a reputação pouco confiável de Richard Nixon.

Com sagacidade, ele evitou afirmar diretamente que o seu oponente era desonesto, pois isso poderia ter estimulado a reatância entre os eleitores que potencialmente se sentiam atraídos por Nixon. (Discutiremos melhor a reatância no Capítulo 12. Mas ela se baseia na ideia de que, muitas vezes, quando as pessoas sentem que a sua autonomia está ameaçada, elas reagem reafirmando a sua liberdade) Em vez disso, a equipe de Kennedy criou cartazes estampados com um retrato sorridente de Nixon e, acima, a frase: "Você compraria um carro usado desse homem?"

Nas palavras de Jeremy Bullmore, esse anúncio era:

> Um convite deliberado ao público para participar. Utilizando-se de maneira eficaz tanto da reputação ligeiramente duvidosa como da aparência ardilosa de Nixon, os interlocutores são convidados a buscarem e utilizarem ativamente a sua criatividade.

Se você quiser evitar a reatância, modifique o conteúdo do texto. No lugar de elaborar uma declaração direta, por que não propor uma pergunta ao público?

3. *Faça uso do design para fazer com que as pessoas se esforcem um pouquinho*

Como aplicação final, este princípio é expandido para além do *copywriting*. Através de recursos do design, você pode adicionar restrições à sua publicidade.

Um experimento que investiga essa ideia vem de Daniel Oppenheimer, da Universidade de Princeton. Em 2010, ele conduziu um estudo sobre o efeito do uso de diferentes fontes no processo de memorização.

Ele então pediu a 28 participantes que aprendessem sobre três espécies de alienígenas, cada uma tendo sete características singulares.

No entanto, as informações foram escritas alternando duas fontes diferentes. Em uma versão, a fonte escolhida consistia em letras de fôrma, simples e fáceis de ler, enquanto a fonte da outra versão consistia em letras em itálico, que ofereciam uma certa dificuldade na leitura.

Fontes de fácil leitura (muita fluidez)	Fontes de difícil leitura (pouca fluidez)
Alienígena Norgletti	*Alienígena Pangerish*
• 60 centímetros de altura	• *3 metros de altura*
• Alimenta-se de pétalas de flores e pólen	• *Alimenta-se de vegetais de folhas verdes*
• Tem olhos castanhos	• *Tem olhos azuis*

Fonte adaptado do artigo de Oppenheimer.

Depois, ele questionou os participantes sobre as informações que haviam aprendido. Os participantes que receberam a fonte de difícil leitura — aquela com mais restrições — tiveram um índice de memorização muito maior do que aqueles que receberam a fonte de fácil leitura. Apenas 73% memorizaram com sucesso o texto escrito na fonte fácil de ler, em comparação com 87% que leram a fonte com pouca fluidez.

Percebe-se assim que a fonte com pouca fluidez proporcionou a quantidade precisa de restrição mental: o suficiente para exigir que o cérebro se empenhasse em concentrar-se naquilo, ao mesmo tempo em que não tornava a leitura tão difícil a ponto de ele desistir de tentar.

Essa é uma estratégia de simples aplicação. Sendo assim, se o objetivo principal da sua mensagem for a memorização (em vez da visibilidade ou persuasão), considere fazer o uso de uma fonte que seja um pouco mais difícil de ler.

Neste capítulo, discutimos como o efeito generativo pode potencializar a memorização. Mas os cientistas comportamentais identificaram muitas outras formas de abordar essa mesma questão. Entre elas, o uso da rima. No próximo capítulo, iremos dar uma olhada nisso...

REFERÊNCIAS

'The generation effect: Delineation of a phenomenon' por Norman Slamecka e Peter Graf [*Journal of Experimental Psychology: Human Learning and Memory*, v. 4, n. 6, p. 592–604, 1978].

'Answering Questions about Questions: A Persuasion Knowledge Perspective for Understanding the Effects of Rhetorical Questions' por Rohini Ahluwalia e Robert Burnkrant [*Journal of Consumer Research*, v. 31, n. 1, p. 26–42, 2004].

'How to Persuade People to Change Their Behaviour' por Jonah Berger [*Harvard Business Review*, 20 abr. 2020].

'Fortune Favors the Bold (and the Italicized): Effects of Disfluency on Educational Outcomes' por Daniel Oppenheimer, Connor Diemand-Yauman e Erikka Vaughan [*Cognition*, v. 118, n. 1, p. 111–115, 2011].

5

A HEURÍSTICA DE KEATS

O TREM NO qual você se encontra é desconfortável e apertado. Finalmente, ele para na sua estação. Quando salta para a plataforma, escuta alguém espirrando logo atrás de você — o que o faz estremecer. Essa situação faz com que se lembre de um velho anúncio "tosse e espirro transmitem doenças".[1]

Torcendo que tenha conseguido escapar da tentativa nefasta de seu companheiro de viagem de espalhar uma infecção, você se apressa para chegar ao trabalho.

O SLOGAN "TOSSE e espirro transmitem doenças" foi publicado pela primeira vez nos EUA durante a pandemia de gripe espanhola de 1918-1920 e na Grã-Bretanha em 1942. É realmente impressionante que um texto escrito há mais de cem anos continue influenciando as pessoas até hoje.

Parte do poder de persuasão da frase baseia-se no fato de suas palavras rimarem [em inglês]. Essa foi a conclusão de um estudo realizado em 2000 por Matthew McGlone e Jessica Tofighbakhsh, do Lafayette College.

Através da compilação de uma lista de provérbios pouco conhecidos, mas que rimavam, os psicólogos deram início a experiência. Então, criaram uma versão adulterada da lista, mantendo o mesmo significado das frases, excluindo, no entanto, as rimas. Alguns exemplos encontram-se a seguir:

[1] *Coughs and sneezes spread diseases*, em inglês. [N. da T.]

Versão com rimas	Versão sem rimas
Woes unite foes [infortúnios unem adversários]	*Woes unite enemies* [infortúnios unem inimigos]
What sobriety reveals, alcohol conceals [O que a sobriedade revela, o álcool oculta]	*What sobriety reveals, alcohol unmasks* [o que a sobriedade revela, o álcool esconde]
Life is mostly strife [A vida é quase sempre uma batalha]	*Life is mostly struggle* [a vida é quase sempre uma luta]
Caution and measure will win you treasure [Com cautela e temperança você encontra a abundância]	*Caution and measure will win you riches* [com cautela e temperança você encontra a riqueza]
Variety prevents satiety [mais diversidade menos saciedade]	*Variation prevents satiety* [mais variantes menos saciedade]

Na sequência, McGlone e Tofighbakhsh mostraram a cem participantes uma lista de quinze provérbios — escolhendo aleatoriamente um exemplo de cada par. Assim, metade leu a versão com rimas, enquanto a outra metade leu a versão sem.

Depois da lista ter sido lida por todos os participantes, foi lhes solicitado que classificassem as sentenças de acordo com o quanto achavam que cada uma servia como uma "descrição exata do comportamento humano". Essa abordagem permitiu aos psicólogos comparar, nas diferentes versões apresentadas, a credibilidade das afirmações.

Os resultados foram inquestionáveis. Em uma escala de nove pontos, a credibilidade média dos provérbios que não rimavam foi de 5,26. Já na forma com rima, eles pontuaram 6,17. O que representa um aumento de 17%.

Considerando que o significado dos provérbios era o mesmo em ambas as condições, a diferença na pontuação foi impressionante.

Nas palavras dos psicólogos, esse efeito é "um produto do processamento aprimorado de fluidez proporcionado pelo uso das rimas". Em essência, quanto mais fácil uma informação for processada, mais confiável ela se tornará.

As pessoas tendem a associar facilidade de processamento à veracidade.[2] Os psicólogos chamam essa capacidade de gerar credibilidade proporcionada pelas rimas de "rima como efeito racional" ou "heurística de Keats".

> **Quanto mais fácil uma informação for processada, mais confiável ela se tornará.**

Tudo isso faz muito sentido na teoria, mas como podemos aplicar a heurística de Keats na prática?

Como aplicar esse viés?

1. *Explore a rima para aumentar a credibilidade*

Tal descoberta é útil à medida em que pode ajudar a reduzir a lacuna de confiança que afasta as marcas de seus potenciais clientes. Em 2020, a IPSOS MORI perguntou a quase 2 mil adultos britânicos se eles confiavam que os executivos da publicidade diziam a verdade com regularidade. Apenas 13% afirmaram que sim. Políticos, ministros e até agentes imobiliários possuem um resultado melhor do que esse.

Mas a heurística de Keats oferece uma solução para esse problema: aplique em seus textos recursos retóricos como a rima e aumente a credibilidade deles.

Pode ser que essa recomendação soe um pouco apelativa —possivelmente, você tem dúvidas sobre a real aplicabilidade de uma técnica já datada, como é o caso do experimento dos provérbios. No entanto, McGlone e Tofighbakhsh contestam tal suposição.

Em seu artigo, eles pontuam o julgamento de O. J. Simpson, em 1994, como um exemplo atual no qual o uso da rima atua de maneira efetiva no convencimento das pessoas. Um dos momentos cruciais do caso foi quando

---

[2] Essa ideia é disseminada há muitos séculos. No livro de Nietzsche, *A Gaia Ciência*, de 1878, ele escreveu que "até mesmo o mais sábio entre nós pode ser distraído pelo ritmo — e somente por tomarmos um pensamento como mais verdadeiro à luz de sua forma métrica e irrupção tal qual uma fagulha divina."

o advogado de defesa, Johnnie Cochrane, argumentou que “se não cabe na mão, conceda a absolvição”.[3]

Se tivesse argumentado, sem tanta convicção: “se não couber na mão, ele não pode ser culpado”[4] a frase teria sido tão eficaz? Provavelmente não.

Bom, isso é apenas uma anedota. Mas também existem evidências experimentais de que a rima pode melhorar a eficácia de um anúncio. Em 2013, Petra Filkuková, da Universidade de Oslo, e Sven Hroar Klempe, da Universidade Norueguesa de Ciência e Tecnologia, criaram slogans para marcas como a loja de roupas EGO e o curso de dieta BetterLife. Algumas vezes seus slogans rimavam, mas nem sempre.

Os psicólogos então mostraram os slogans a 183 participantes, sendo que metade deles teve acesso aos que rimavam e a outra metade recebeu as versões alternativas. Quando questionados, os participantes que leram os slogans rimados os classificaram como 22% mais confiáveis. Eles também se sentiram 10% mais inclinados a testarem as marcas.

2. *Explore a rima para acentuar a capacidade de memorização*

Para além do benefício da credibilidade, o uso da rima também aumenta a capacidade de memorização. Em 2017, Alex Thompson e eu conduzimos um estudo piloto no qual 36 funcionários de uma agência de mídia tinham cinco minutos para ler uma lista de dez declarações, entre elas, apenas metade rimava. Horas depois, pedimos aos participantes que retornassem e listassem o máximo possível de frases que pudessem se lembrar.

Os resultados não deixaram dúvidas: 29% das afirmações que rimavam foram lembradas, em comparação com apenas 14% das que não possuíam rimas. O que representa mais do que o dobro de memorização.

[3] Em inglês, *if the gloves don't fit, you must acquit.* [N. da T.]

[4] Em inglês, *if the gloves don't fit, you must find him not guilty.* [N. da T.]

Mas quão valiosas são tais descobertas? Os publicitários já não estão familiarizados com os benefícios da rima? Afinal, existem diversos slogans que fazem uso dessa técnica. A lista a seguir, em inglês[5], traz alguns deles.

We all adore a Kia-Ora
You only get an oo with Typhoo
Easy peasy lemon squeezy
Once driven, forever smitten
For mash, get smash
It's a lot less bovver than a hover
Don't be vague, ask for Haig
Once you pop, you can't stop
No battery is stronger longer
A Mars a day helps you work, rest and play
Beanz Meanz Heinz

Como vemos, a lista é longa. Mas analise as frases novamente. O que lhe saltou aos olhos?

Reparou que todos esses slogans têm mais de 30 anos? O da Haig remonta à década de 1930, o da Heinz foi escrito na década de 1960 e a rima da Smash é dos anos 1970. Quando pensamos nos últimos vinte anos, temos uma dificuldade muito maior para lembrarmos de rimas que tenham sido igualmente icônicas. Isso acontece porque elas saíram de moda.

Não, não se trata de nenhuma especulação. Alex Boyd e eu passamos uma manhã inteira nos arquivos da News UK categorizando com muito esmero os anúncios de exemplares do *The Times* e do *The Sun* que remontam à 1977. O que encontramos foi um padrão bem evidente.

Na última década, o número de anúncios com rimas proeminentes foi reduzido pela metade. Em 2007, cerca de 4% dos anúncios impressos incluíam uma rima, em comparação com 10% nos trinta anos anteriores.

---

[5] Optamos por manter os slogans em inglês uma vez que traduzi-los interferiria na cadência e ritmo. No entanto, trouxemos alguns exemplos de slogans brasileiros que podem ilustrar a ideia do autor: "Para você ficar legal, tome Melhoral"; "Banco do Brasil: o banco que é a cara do Brasil"; "Havaianas: todo mundo usa"; "Doril, tomei Doril, a dor sumiu"; "O Boticário, perfumaria e beleza, amor de verdade, o resto é só beleza". [N. da T.]

Por que o uso da rima está em declínio?

Mas por que os anunciantes estão deixando de lado uma técnica tão poderosa? Talvez porque as motivações dos profissionais de marketing não sejam atendidas pelas rimas.

Os criativos desejam ser admirados pelos seus colegas. Não há nada de incomum nisso. Mas o que eleva a credibilidade de um profissional não é necessariamente aquilo que tornará um anúncio eficaz. Recorrentemente, técnicas sofisticadas impressionam os nossos colegas e especialistas em publicidade. O que, como consequência, faz com que soluções simples, tais como a rima, sejam ridicularizadas e vistas como inferiores.

Nassim Nicholas Taleb argumenta que isso ocorre porque as agências de publicidade não estão com "a conta em risco". Isto é, o sucesso de uma agência não depende apenas da receita gerada pelos seus anúncios. Temos então um problema. Segundo Taleb:

> Antes de colapsarem totalmente, as coisas tendem a se tornar cada vez mais complicadas quando são projetadas por aqueles que não estão com a sua conta em risco. Propor algo simples, para quem está nessa posição, não inclui nenhum benefício: você precisa mostrar sofisticação quando não está sendo recompensado pelo resultado, mas pela percepção. Qualquer pessoa que já submeteu um artigo acadêmico em um periódico sabe que, ao torná-lo mais complexo do que o necessário, aumentam as chances de sua aprovação.

No entanto, um dos temas abordados pela ciência comportamental nos mostra que, geralmente, soluções simples costumam ser bastante eficazes. Com sorte, um conhecimento mais amplo da ciência comportamental poderá encorajar um retorno às estratégias simples, confiáveis e comprovadas.

Assim, vamos nos encaminhar para o fim deste capítulo com outras táticas simples que influenciam na fluidez do processamento de uma informação.

3. *Aliteração melhora a precisão*

Entre os floreios retóricos usados por escritores e poetas ao longo dos anos, muitos podem alavancar a fluidez de um texto. Uma dessas técnicas é a aliteração.

Em 2022, Hamish Bromley, Joanna Stanley e eu realizamos um estudo para confirmar se a aliteração teria o mesmo nível de eficácia que a rima no que diz respeito ao aumento da credibilidade e da capacidade de memorização. Para isso, assim como McGlone e Tofighbakhsh, nós mapeamos dez provérbios praticamente desconhecidos que fazem uso da aliteração e depois os reescrevemos de modo mais acessível. A seguir, você pode conferir a lista completa das sentenças em inglês[6].

Provérbio com aliteração	Provérbio sem aliteração
Be a worthy worker and work will come	Be a valuable worker and jobs will come
Sleep softens sorrows	Sleep lessens worries
Favour the fact, forgive the flaw	Consider the facts, overlook the mistake
He who rests grows rusty	He who rests loses ability
Great losses are great lessons	Great losses are valuable teachings
Good deeds die when discussed	Good deeds go to waste when spoken
Courage kills complications	Courage erases difficulty
Barking dogs seldom bite	Barking dogs seldom wound
A break will help you blossom	A break will help you flourish
Many men have many minds	Many men have numerous minds

Dez provérbios — cinco de cada lista — foram apresentados aos participantes. Depois disso, pedimos a cada um deles que avaliassem, em uma escala de nove pontos, o quanto os achavam convincentes.

Quando separamos os dados, vimos que as frases com aliteração foram avaliadas em 6,11 em termos de credibilidade, em comparação com 5,72 para as sem esse recurso. Isso representa um aumento de 7% na credibilidade.

Na sequência, eles esperaram algumas horas após terem completado a tarefa, e assim, ao regressarem, tentaram se lembrar do maior número

[6] Do mesmo modo que os slogans da página 55, mantivemos os provérbios com aliteração como escritos no original, mas separamos outros exemplos em português que podem contribuir para a compreensão:"Quem tudo quer, tudo perde"; "Cavalo dado não se olha os dentes"; "Quem com ferro fere, com ferro será ferido"; "Onde há fumaça, há fogo." [N. da T.]

possível de provérbios que conseguiam. Desta vez, a diferença no desempenho entre os dois tipos de frase foi maior. Em relação ao quanto as pessoas se lembravam dos provérbios com aliteração, a média foi de 66% comparada a 54% dos demais. Assim, a capacidade de memorização teve um aumento de 22%.

4. *Se quiser reduzir a percepção de risco, reforce a fluidez do nome da marca*

Lembre-se do que McGlone e Tofighbakhsh defendem: quanto mais fácil for processar a informação, mais confiável ela se tornará. As pessoas tendem a associar facilidade de processamento à veracidade. No entanto, não é apenas a credibilidade que é impulsionada quando enfatizamos a fluidez. De acordo com Hyunjin Song e Norbert Schwarz, da Universidade de Michigan, a percepção de risco realizada pelas pessoas também pode ser impactada.

Em 2009, eles apresentaram uma lista de aditivos alimentares fictícios para os participantes do experimento. Alguns dos nomes, como Hnegripitrom, eram difíceis de pronunciar, enquanto outros, como Magnalroxate, possuíam uma fácil pronunciação. Então, os psicólogos pediram aos participantes que indicassem, em uma escala de sete pontos, o quão prejudiciais achavam que os aditivos eram — com o número um indicando que a droga era muito segura e com o sete que era muito prejudicial.

Comparados com as palavras mais fáceis de pronunciar, que receberam a nota média de 3,70, os aditivos com difícil pronunciação receberam a nota média de 4,12. Isso quer dizer que as palavras de pronúncia mais complicada tiveram 11% mais chance de serem associadas a algo nocivo.

Os psicólogos argumentaram que existe uma associação entre a facilidade de pronúncia e a quantidade de risco. Esse é um insight que pode ser facilmente aplicado pelos publicitários — certifique-se, portanto, que o nome da marca do seu medicamento ou lançamento seja fácil de ser pronunciado, caso deseje tranquilizar os seus clientes.

Pode ser que existam algumas ocasiões, contudo, que você deseje enfatizar como o seu produto é estimulante ou ousado. Nesse caso, é melhor escolher um nome difícil de pronunciar. Os psicólogos inclusive testaram essa percepção em atrações fictícias em parques temáticos. Eles descobriram com isso que as com nomes complexos eram consideradas mais perigosas — e, ao mesmo tempo, mais emocionantes.

5. *Adeque a fonte utilizada de acordo com o desafio*

Além da escolha de palavras, a pesquisa de Song e Schwarz também abrange efeitos visuais. Em 2008, estudaram de que forma a escolha da fonte do texto influencia na fluidez do processamento e na percepção de facilidade. No experimento, vinte participantes receberam a seguinte instrução de exercício:

> Encoste o queixo no peito e, na sequência, erga-o o máximo que puder. Faça de 6–10 repetições.

Alguns participantes receberam as instruções em uma fonte cuja leitura era mais fácil (Arial, tamanho 12), outros, por sua vez, tiveram que ler as informações em uma fonte difícil de ler (Brush, tamanho 12).

Arial   Brush

O grupo que recebeu a fonte com maior fluidez e de fácil leitura achou que levaria em torno de 8,2 minutos para realizar o exercício, enquanto o outro grupo estimou uma média de 15,1 minutos. A percepção de esforço, nesse caso, praticamente dobrou.

Nas palavras dos psicólogos:

> Como existe um esforço na leitura da instrução do exercício, as pessoas o interpretam equivocadamente como um indicativo de dificuldade na execução do que foi solicitado... isso demonstra que somos sensíveis às sensações de facilidade ou dificuldade, mas insensíveis ao discernimento sobre a origem dessas percepções. Assim, erroneamente, as pessoas atribuem tal experiência de facilidade ou dificuldade a qualquer coisa que esteja no foco de sua atenção.

Mais uma vez, existe uma implicação prática para essas descobertas. Se deseja que as pessoas tenham a percepção de estarem lidando com uma tarefa fácil, escreva-a em uma fonte fácil de ler; no sentido oposto, se o seu desejo for enfatizar a dificuldade, uma fonte de difícil leitura será mais apropriada.

Vamos considerar um exemplo no setor de alimentação — se você for um fornecedor de kits de refeição, utilizar uma fonte de fácil leitura, como a Arial, contribui para convencer os consumidores de que o prato oferecido é simples e fácil de ser preparado. No entanto, se for dono de um restaurante de alta qualidade, suas motivações podem ser diferentes. Provavelmente, o que deseja é ressaltar o esforço investido na elaboração do cardápio sofisticado. Em situações como essa, as fontes mais complexas são recomendadas.

Mesmo que os psicólogos tenham constatado apenas recentemente o potencial do uso da rima e da aliteração em circunstâncias controladas, já fazem milênios que os poetas, intuitivamente, reconheceram esse poder.

Aliás, nesse sentido, existe um conhecimento ainda maior que os autores antigos podem compartilhar com acadêmicos e publicitários. Nosso próximo passo será analisarmos uma estratégia usada desde os tempos de Homero e Cícero: o poder da linguagem concreta. Continue a leitura para descobrir...

REFERÊNCIAS

'Birds of a feather flock conjointly (?): Rhyme as reason in aphorisms' por Matthew McGlone e Jessica Tofighbakhsh [*Psychological Science*, v. 11, n. 5, p. 424–428, 2000].

'Rhyme as reason in commercial and social advertising' por Petra Filkuková e Sven Hroar Klempe [*Scandinavian Journal of Psychology*, v. 54, n. 5, p. 423–431, 2013].

Skin In The Game: Hidden Asymmetries in Daily Life por Nicholas Taleb [2018].

'If it's difficult to pronounce, it must be risky: Fluency, familiarity and risk perception' por Hyunjin Song e Norbert Schwarz [*Psychological Science*, v. 20, n. 1, p. 135–138, 2009].

'If it's hard to read, it's hard to do: Processing Fluency affects effect prediction and motivation' por Hyunjin Song e Norbert Schwarz [*Psychological Science*, v. 19, n. 10, p. 986–988, 2008].

6

CONCRETUDE

ASSIM QUE VOCÊ chega ao trabalho, já vai logo para uma reunião com clientes em potencial.

No momento em que abre a porta, a sala está lotada. Sua chefe, Jane, luta para conseguir carregar os slides. Então, tentando matar o tempo, você se apresenta a todas as pessoas que estão ali, apertando suas mãos vigorosamente e jogando conversa fora.

Quando se direciona até o último cliente para se apresentar, ele pontua que vocês já se conheceram.

Em duas ocasiões.

Você balbucia um pedido de desculpas.

VOCÊ NÃO DEVERIA sentir vergonha por não se lembrar do rosto de alguém. Afinal, você não é o único; nós nos esquecemos rapidamente da maior parte das informações que adquirimos ao longo da vida.

Inclusive, talvez a descoberta mais antiga da psicologia seja justamente a falibilidade da memória, com estudos que remontam a 1885 e ao trabalho do psicólogo alemão Hermann Ebbinghaus. O termo "curva do esquecimento" foi cunhado por ele para descrever a frequência com que esquecemos as informações. Algo que se dá a partir de um padrão previsível: a maior queda na retenção acontece logo depois de aprendermos novos fatos. No decorrer do tempo, mais coisas são esquecidas, mas em um ritmo mais lento.

Mesmo que já faça mais de cem anos desde a descoberta da curva do esquecimento, até hoje ela ainda pode ser constatada. Em 2015, Jaap Murre, da Universidade de Amsterdã, refez os experimentos de Ebbinghaus, encontrando resultados semelhantes.

No entanto, Ebbinghaus não se limitou a descrever apenas o esquecimento, ele também apresentou estratégias para superá-lo. Uma de suas descobertas mais notáveis foi que, ao reler o mesmo material em intervalos regulares, a frequência de esquecimento pode ser reduzida. Porém, por mais eficaz que seja a tática da repetição, ela tem um custo elevado para os profissionais de marketing. Felizmente, existe na ciência comportamental outras descobertas menos custosas que podem ajudar a aprimorar a nossa memória.

Por mais eficaz que seja a tática da repetição, ela tem um custo elevado para os profissionais de marketing. Felizmente, existe na ciência comportamental outras descobertas menos custosas que podem ajudar a aprimorar nossa memória.

Mas, antes de entrarmos nas discussões sobre essa pesquisa, vamos fazer um pequeno exercício. Eu organizei uma lista de frases formadas por duas palavras. Por favor, leia cada uma delas lentamente e depois cubra o seu conteúdo de modo que não as veja mais:

porta quadrada
quantia impossível
motor enferrujado
justificativa melhor
floresta flamejante
fato aparente
cavalheiro musculoso
destino comum
cavalo branco
falha sutil

Tente agora anotar o maior número possível de frases que se lembrar. Não precisa ter pressa, eu espero...

Quais palavras você se lembrou? Minha aposta é que você achou mais fácil se lembrar das frases concretas, aquelas com descrições de coisas que existem fisicamente, como "porta quadrada" e "cavalheiro musculoso". Por outro lado, as sentenças mais abstratas, como "destino comum" ou "justificativa melhor", provavelmente foram esquecidas.

Se eu estiver certo, a sua experiência foi uma experiência comum, tendo em vista a pesquisa de Ian Begg, psicólogo da Universidade de Western Ontario. Em 1972, ele recrutou 25 estudantes e leu para eles uma lista com vinte frases formadas por duas palavras, incluindo essas que você acabou de ler. Então, solicitou aos participantes que tentassem se lembrar do máximo de sentenças que conseguissem.

O resultado foi chocante. Das palavras abstratas, 9% foram lembradas pelas pessoas; já nas palavras concretas, essa taxa subiu para 36%. Quatro vezes superior — uma diferença gritante!

Mesmo que a proporção da descoberta de Begg seja de fato impressionante, você ainda pode estar reticente se ela possui validade do ponto de vista comercial. Primeiro, em razão da amostra: 25 estudantes é um número consideravelmente pequeno de pessoas potencialmente não representativas.

Em segundo lugar, a escolha das palavras: frases como "motor enferrujado" e "cavalheiro musculoso" não costumam aparecer nos anúncios publicitários (não antes de os programas impróprios para crianças começarem).

E por último, o *timing*: na experiência de Begg, logo após terem lido as frases, as pessoas já foram solicitadas para que tentassem se lembrar delas. Isso pode até ser interessante, mas normalmente as marcas precisam que as mensagens sejam lembradas por um tempo substancialmente maior.

Em 2021, por causa dessas brechas, Mike Treharne, da agência Leo Burnett, e eu decidimos refazer o estudo de Begg incluindo alguns ajustes. Nosso primeiro passo foi recrutar uma amostra mais robusta formada por 425 pessoas. Em seguida, entregamos aos nossos participantes uma lista com dez frases, algumas abstratas e outras concretas. Todas elas poderiam ser encontradas com facilidade em comunicações comerciais.

Algumas das frases eram mais concretas, entre elas:

carro veloz
calça skinny
castanha de caju
dinheiro no seu bolso
galinhas felizes

Outras eram abstratas, entre elas:

qualidade inovadora
procedência confiável
propósito central
nutrição saudável
visão ética

Por fim, ajustamos o *timing*. Em vez de pedir às pessoas que se lembrassem das frases assim que as lessem, introduzimos um intervalo de cinco minutos. Não é a quantidade de tempo necessária para que os anúncios sejam lembrados, mas já está um pouco mais próximo de como funciona o mundo real.

Obtivemos resultados ainda mais acentuados do que os encontrados no estudo original. Os participantes se lembraram de 6,7% das frases concretas e apenas de 0,7% das abstratas — uma diferença de dez vezes entre eles. Ou seja, as descobertas sobre a concretude não são apenas uma peculiaridade do estudo de Begg.

Além disso, tais estudos de laboratório se baseiam em evidências reais. O livro *Ideias que colam* investiga as análises de Michael Havelock, classicista da Universidade de Yale, sobre a transmissão de histórias antigas. A partir de suas descrições, ele demonstra que histórias transmitidas pela oralidade, como *Odisseia* e *Ilíada*, são dotadas de muitas palavras concretas e poucas abstrações. O argumento do autor é que, quando esses contos eram passados adiante, as partes concretas eram lembradas enquanto as abstrações eram esquecidas e acabavam desaparecendo.

Seria a visão o nosso 'sentido mais aguçado'?

Então o que explica as diferentes capacidades de memorização atreladas a cada um desses estilos de comunicação? Sobre isso, o palpite de Begg é que frases concretas possuem maior aderência porque podem ser visualizadas.

Essa ideia, porém, não vem de hoje. Retomando o mundo clássico, em 55 a.C., o orador romano Cícero disse as seguintes palavras:

> De todos os nossos sentidos, o mais aguçado que temos é a visão. Consequentemente, podemos nos lembrar com mais facilidade das percepções que chegam até nós pelos ouvidos ou através de outras fontes perceptivas quando alcançam nossas mentes mediadas pelo anteparo da visão.

Percebe-se que Cícero, assim como Begg, sugere que a nossa capacidade de retenção de uma ideia é intensificada quando conseguimos projetar, dentro de nossas mentes, uma imagem relacionada a ela.

Agora, vejamos de que forma a concretude pode funcionar para você.

Como aplicar esse viés?

1. *Cuidado com a linguagem*

Nesse estudo conduzido por mim em parceria com Mike Treharne, a diferença no índice de memória foi enorme — praticamente dez vezes maior. Levando em conta que uma grande quantidade de estudos sobre outros vieses registram uma marca de 10% ou 20%, é fundamental que você se certifique de estar de fato aplicando esse aprendizado, em vez de apenas estudar o assunto.

Para sua sorte, é simples aplicá-lo: sempre que puder, remova a linguagem abstrata do texto, substituindo-a por uma terminologia concreta.

Permita-me trazer um exemplo, caso essa recomendação não esteja clara. Pense por um instante na primeira publicidade do iPod feita pela Apple. Enquanto outros tocadores de mp3 da época faziam um grande alarde sobre a quantidade de megabytes que podiam armazenar, a Apple materializou essa informação com: “mil músicas no seu bolso”. Assim, o consumidor conseguiu imaginar o aparelho no bolso de sua calça jeans, armazenando com facilidade todas as suas músicas favoritas. O ato de visualizar fez com que a informação fosse mais facilmente retida na mente das pessoas.

Contudo, é raro que a Apple priorize a linguagem concreta. Inúmeras são as marcas que se sentem atraídas por abstrações — entre elas, “Encontre a sua felicidade”[1] da Rightmove ou “Inspire o futuro”[2] da Hitachi.

O fato de tais abstrações pouco memoráveis terem se tornado tão populares, no entanto, pode representar uma oportunidade para você. Um simples ajuste no seu texto pode fazer com que a sua marca se torne mais memorável do que a maior parte de sua concorrência.

2. *Ajude o consumidor a se imaginar usando o produto*

Um texto se torna mais inesquecível quando utiliza uma linguagem que possibilite a sua visualização. Mas, além disso, encorajar clientes em potencial a se imaginarem utilizando o produto também possui outros benefícios.

Em 2011, Ryan Elder, da Universidade Brigham Young, e Aradhna Krishna, da Universidade de Michigan, conduziram um estudo que investigava essa ideia, chamada por eles de “fluidez perceptiva”.

Os pesquisadores então mostraram uma imagem a 321 participantes: uma fatia de bolo que parecia delicioso — com o garfo do lado direito ou esquerdo do prato. Logo depois, os participantes foram questionados se eram canhotos ou destros e se gostariam de comprar o produto.

---

[1] *Find Your Happy*, em inglês. [N. da T.]

[2] *Inspire the Next*, em inglês. [N. da T.]

Fonte: Tom Shotton.

Nas situações em que a lateralidade do participante correspondia à orientação dos talheres — isto é, quando os destros viam o garfo colocado do lado direito — as intenções de compra eram 35% maiores em relação ao bolo. Os autores concluíram, portanto, que alinhar o garfo de uma maneira que parecesse natural para quem estivesse vendo a imagem estimulava os participantes a se imaginarem comendo, e essa sensação prazerosa era a responsável pelo aumento nas intenções de venda.

Assim, sempre que for possível, ajude o cliente a se visualizar usando o produto — seja através de ajustes nas imagens, na linguagem ou até mesmo usando abordagens da alta tecnologia, como a realidade aumentada.

Todavia, como acontece com todos os estudos, nesse também existem algumas sutilezas. Em 2011, Elder conduziu um experimento semelhante, dessa vez com uma série de anúncios de sopa. Nele, o que variava era o poder de atração do prato: algumas pessoas viram um sabor atraente (queijo Asiago e tomate), enquanto outras viram um sabor sem graça (queijo cottage e tomate).

Então, tendo mais uma vez favorecido a visualização da sopa sendo degustada (ele usou o mesmo método da imagem do bolo, mas no lugar dos garfos, colheres foram posicionadas em um dos lados do prato), o resultado que acabou encontrando neste segundo experimento foi interessante. Se o produto fosse desejável, a intenção de compra aumentava 24%, mas, se fosse indesejável, a intenção caía 26%.

Pelo visto a fluidez perceptiva, tal como a ilusão de esforço, possui um efeito multiplicativo — conseguir se visualizar, sem dificuldade, provando a sopa que parecia deliciosa, fez com que ela se tornasse ainda mais desejável. Imaginar-se experimentando a sopa de sabor duvidoso, porém, diminuiu ainda mais a vontade de comprá-la.

3. *Menos é mais, bobo*

Utilizar uma linguagem concreta ainda tem um outro benefício: ela tende a ser simples. E uma linguagem simples repercute bem para o comunicador.

A evidência por trás dessa ideia foi trabalhada pelo psicólogo de Princeton Daniel Oppenheimer em um artigo com provavelmente o melhor título de todos: "O que acontece quando o vernáculo erudito é utilizado sem que haja a menor necessidade: problemas com o uso desnecessário de palavras longas".[3]

Nesse estudo, os participantes leram diversas amostras de textos, entre eles projetos para pós-graduação, resumos de dissertações de sociologia e traduções de uma obra de Descartes. Alguns leram a versão original, escrita em um estilo verborrágico e cheio de jargões, enquanto outros receberam uma versão editada — nela, as palavras infundadamente complexas foram substituídas por alternativas mais simples.

Ao fim do estudo, a psicóloga pediu aos participantes que avaliassem a inteligência dos autores. Aqueles que leram a versão simplificada os

---

[3] Por mais que maioria dos títulos de periódicos acadêmicos seja bem sem graça, Oppenheimer não é o único na academia capaz de acrescentar em seus trabalhos um raro lampejo de humor. Como exemplo, poderíamos citar: *Fantastic yeasts and where to find them: the hidden diversity of dimorphic fungal pathogens* [Leveduras fantásticas e onde habitam: a diversidade oculta de patógenos fúngicos dimórficos], de Marley Van Dyke, publicado na revista *Current Opinion in Microbiology* em 2019. Ou um artigo escrito por Erika Carlson no *Journal of Personality and Social Psychology* de 2010: *You probably think this paper's about you: Narcissists' perceptions of their personality and reputation* [Provavelmente você está pensando que este artigo é sobre você: percepções narcisistas sobre personalidade e reputação]. Existe até mesmo um artigo de 2017 publicado no *American Journal on Addictions* de Heather Oxentine: *Medical Marijuana: Can't We All Just Get a Bong?* [Maconha medicinal: não podemos nos entender baseado nas nossas semelhanças?].

pontuaram em 13% a mais do que quem leu os textos originais, de maior complexidade.

O valor dessa descoberta está no fato de ela se opor a grande parte do que vemos no comportamento das marcas. De acordo com a consultoria linguística *Linguabrand*, a idade média de leitura da população britânica é de 13,5 anos, mas a idade média de leitura dos sites de marcas é de 17,5 anos. Isso, segundo os especialistas, não é um mero elemento de toda a equação — até porque, por exemplo, o *Financial Times* comunica assuntos muito mais complexos, mas com uma idade média de leitura de 16 anos. Ao contrário, isso é explicado por uma persistente falta de compreensão sobre o tema: um número excessivo de profissionais acredita que complexidade é um sinônimo de inteligência. Infelizmente, as evidências apontam para a direção oposta.

Assim sendo, mesmo que não possa usar palavras concretas no texto, pelo menos fuja das abstrações complexas. Existem bons exemplos que apoiam essa ideia. O filósofo alemão Arthur Schopenhauer foi um dos grandes defensores da simplicidade. Foi ele quem disse a famosa frase: "Deve-se usar palavras comuns para dizer coisas incomuns."[4]

4. *Prefira histórias a estatísticas*

Há evidências de que você também pode aplicar o princípio da concretude priorizando histórias às estatísticas. Em 2007, Deborah Small, George Loewenstein e Paul Slovic investigaram como as comunicações poderiam ser adaptadas para impulsionar doações de caridade. O que lhes interessava, em especial, era saber se histórias sobre sofrimento individual motivavam mais do que mensagens descrevendo uma tragédia em termos estatísticos.

---

[4] Churchill (que ganhou o Prêmio Nobel de Literatura e também foi um grande líder militar) fez uma observação semelhante. Ele argumentou que "palavras curtas podem até ser boas, mas palavras antigas, quando curtas, conseguem ser melhores ainda".

Pagando US$5 por pessoa, os psicólogos convocaram 121 participantes a lerem uma descrição sobre a escassez de alimentos no continente africano.

Alguns deles leram uma passagem que descrevia as vítimas em termos estatísticos (por exemplo: "No Malawi, a escassez alimentar afeta mais de 3 milhões de crianças..."). Outros participantes receberam uma história focada em uma pessoa específica (vide: "Qualquer quantia que você doar será direcionada para Rokia, uma menina de sete anos do Mali, na África. Rokia vive em extrema pobreza e enfrenta diariamente a ameaça de fome severa ou mesmo de inanição...").

No final do experimento, foi dada aos participantes a opção de doarem parte da taxa a uma instituição de caridade chamada *Save the Children.*

Aqueles que leram sobre a história individual doaram em média US$2,83, o que representou mais do que o dobro das doações daqueles que leram as estatísticas (mais precisamente, US$1,17). A essa ocorrência os psicólogos nomearam: "efeito da vítima identificável".

Essas evidências estão alinhadas ao estudo Begg à medida em que, muitas vezes, as estatísticas deixam o público indiferente porque são difíceis de se relacionar. Visualizar 3 milhões de pessoas é algo impossível. Mas quando pensamos em Rokia, imediatamente criamos uma imagem em nossa mente. Isso porque conseguimos dimensionar a escala de apenas uma vítima, o que, consequentemente, produz mais emoção e doações mais abundantes.

Stalin foi capaz de reconhecer esse insight, observando, supostamente, com a sua típica ferocidade: "Se um único homem morre de fome, é uma tragédia. Se milhões morrerem, é mera estatística."[5]

Portanto, afaste-se das estatísticas sempre que puder e torne assim a sua história relacionável a nível humano.

---

[5] Curiosamente, Madre Teresa, que parece estar a uma distância incalculável de Stalin, também disse algo semelhante: "Se eu olhar para o todo, não saberei como agir. Mas se olhar para uma pessoa, eu saberei."

5. *Inspecione a sua experiência*

Todos esses estudos despertam uma questão: por que mais marcas não utilizam a linguagem concreta?

Talvez seja porque o foco da especialidade dos profissionais de marketing esteja direcionado ao segmento em que estão trabalhando. Não importa se são automóveis ou barras de chocolate, a agência e o profissional de marketing estarão imersos nos detalhes do negócio. Isso representa um problema, uma vez que, de acordo com Chip e Dan Heath em seu livro *Ideias que colam*:

> A capacidade de pensar de maneira abstrata é uma das diferenças cruciais entre um especialista e um aprendiz. Em um júri, os novatos se deixam impressionar pelas diferentes personalidades dos advogados, os pormenores factuais e os rituais envolvidos no tribunal. Enquanto isso, os juízes avaliam o caso em voga, relacionando-o ao conhecimento abstrato que adquiriram nos casos anteriores e em precedentes legais.

Portanto, lembre-se de que seus conhecimentos podem impedir que você perceba que se perdeu diante das abstrações. O que, para você, pode parecer perfeitamente compreensível, até mesmo fácil de materializar, pode não ser para o seu cliente — que não é tão especialista assim na área.

Comunicar-se de maneira concreta, no lugar de uma comunicação mais abstrata, ainda tem um último efeito colateral: ela o permite escapar das generalizações para ir de encontro aos detalhes mais específicos. Tal precisão traz toda uma outra soma de benefícios, e é a eles que nos dedicaremos agora...

REFERÊNCIAS

'Replication and Analysis of Ebbinghaus' Forgetting Curve' por Jaap Murre e Jorei Dros [*PLoS ONE*, v. 10, n. 7, 2015].

'Recall of meaningful phrases' por Ian Begg [*Journal of Verbal Learning and Verbal Behaviour*, v. 11, n. 4, p. 431–439, 1972].

Ideias que colam: por que algumas ideias pegam e outras não por Chip Heath e Dan Heath [2007].

'The "Visual Depiction Effect" in Advertising: Facilitating Embodied Mental Simulation through Product Orientation' por Ryan Elder e Aradhna Krishna [*Journal of Consumer Research*, v. 38, n. 6, p. 998–1003, 2012].

'Consequences of Erudite Vernacular Utilized Irrespective of Necessity: Problems with Using Long Words Needlessly' por Daniel Oppenheimer [*Applied Cognitive Psychology*, v. 20, n. 2, p. 139–156, 2006].

'Sympathy and callousness: The impact of deliberative thought on donations to identifiable and statistical victims' por Deborah Small, George Loewenstein e Paul Slovic [*Organizational Behavior and Human Decision Processes*, v. 102, n. 2, p. 143–153, 2007].

6½

PRECISÃO

DEPOIS DE UMA reunião meio esquisita com alguns clientes, você sente que precisa de uma pausa. Por isso, resolve se presentear. Perto do escritório há uma livraria independente que parece bem interessante, e já tem um tempo que você queria conhecê-la.

Conforme você passeia pelo local, seus olhos percorrem os títulos dos livros expostos. Um deles chama a sua atenção: *Uma história do mundo em 10½ capítulos*.

O livro conquista a sua curiosidade. Por que 10½? Não 10 capítulos, nem 11, mas 10½...

O NÚMERO ATRAIU sua atenção porque é marcante. Como a maioria dos livros utiliza números redondos, um número preciso é mais notável. Michael Santos, psicólogo da Universidade da Califórnia, traz em sua pesquisa as evidências dessa afirmação. Em 1994, ele conduziu um estudo no qual pesquisadores vestidos de maneira desleixada fingiam ser pedintes. Em algumas situações, utilizavam a maneira padrão para pedir dinheiro aos transeuntes — solicitavam uma moeda de 25 centavos ou, mais vagamente, qualquer trocado que tivessem. Já em outras situações, eles solicitavam uma quantia incomum, 17 centavos ou 35 centavos. Segundo a descoberta de Santos, quando isso acontecia, a probabilidade de as pessoas responderem à demanda era 60% maior. Seu argumento era de que números mais precisos quebravam a expectativa das pessoas e com isso aumentava-se a visibilidade. O psicólogo nomeou essa descoberta como *pique effect* [efeito de captura].

Em se falando de marcas, a precisão traz benefícios similares.

Pense um instante sobre o caso da Heinz. Em 1896, Henry J. Heinz, fundador da empresa, decidiu que as embalagens dos produtos informariam sobre as 57 variedades de linhas do negócio. Pouco importava se esse número era muito maior — o que lhe encantava na abordagem era a precisão.

Ou então, considere os sabonetes Ivory e uma afirmação ainda mais antiga proclamada pela empresa. Desde 1895, eles afirmam que o grau de pureza de seus produtos é de 99 44/100%.

Se essas afirmações tivessem sido mais genéricas — sessenta variedades de feijão ou sabão 100% puro — será que teriam penetrado da mesma forma na consciência das pessoas?

Prefira números específicos aos redondos

Mas os números precisos possuem um valor agregado que supera a sua singularidade. Quanto mais específicas, mais confiáveis se tornam as estatísticas.

A evidência por trás dessa afirmação aparece em um estudo de 2006 realizado por Robert Schindler, da Universidade Rutgers, e Richard Yalch, da Universidade de Washington. Os psicólogos mostraram a 199 participantes um anúncio de um spray corporal fictício e depois perguntaram-lhes sobre a credibilidade e concisão associadas ao conteúdo.

A guinada no estudo estava no fato de que, em algumas situações, o anúncio afirmava que o desodorante "dura 50% mais do que qualquer outro desodorante". Já em outras ocasiões, a estatística era alterada para um número mais preciso: 47% ou 53%.

Esse ajuste sutil alavancou a forma com que a exatidão e a credibilidade foram percebidas pelos participantes. Os enunciados com números precisos foram considerados cerca de 10% mais exatos do que os com redondos. Já em relação ao modo com que a credibilidade foi avaliada, ela também alcançou números mais elevados nas afirmações precisas do que nas arredondadas, no entanto, não foi uma diferença estatisticamente significativa.

Então, quais fatores justificam o poder da precisão? Uma das justificativas mais prováveis relaciona-se com a associação. Ao longo do tempo, as pessoas constataram que quem possui autoconfiança costuma fornecer detalhes precisos em seus relatos, enquanto os mais inseguros se refugiam em estimativas vagas.

Por exemplo, imagine se alguém lhe perguntasse a idade da pessoa com quem você divide a vida? A sua resposta estaria na ponta da língua — responderia 35 ou 46, ou qualquer que fosse a idade. Mas e se a pergunta fosse sobre a idade do seu primo? Bem, nesse caso, provavelmente responderia de uma forma mais vaga. Sua resposta poderia ser algo como "na casa dos 30 ou 40 anos".

Esse tipo de associação entre especificidade e exatidão tornou-se tão engendrada em nossa cultura que as pessoas a aplicam como regra de ouro para analisar diferentes enunciados. Inclusive, como Schindler demonstrou, essa conexão é tão estratificada a ponto de a precisão ser utilizada como métrica mesmo quando a exatidão não está em jogo.

Imagine, por exemplo, o que você acharia do seu amigo se ele lhe dissesse "volto em 27 minutos" no lugar de "volto em 30 minutos". Santos, Leve e Pratkanis (1994) descobriram que é mais fácil um pedinte arrecadar dinheiro quando ele pede 17 ou 37 centavos, do que 25 centavos. Embora esse fenômeno tenha sido explicado a partir das propriedades atrativas dos números quebrados, em tal estudo, os resultados sugerem a existência de uma explicação alternativa. Quando alguém é abordado por 37 centavos, pode ser que a precisão do número sugira que existe uma necessidade muito específica por trás do pedido, digamos que seja esse o valor que falta para o pedinte conseguir pagar a sua passagem de volta para casa. Por outro lado, se o valor em questão é redondo, pode parecer que não existe um motivo preciso para a demanda — em vez disso, o pedinte quer apenas ter algum dinheiro.

> **A associação entre especificidade e exatidão tornou-se tão engendrada em nossa cultura que as pessoas a aplicam como regra de ouro para analisar diferentes enunciados.**

Agora que nós já exploramos o valor da precisão, vamos conferir como aplicá-la para alavancar os anúncios.

Como aplicar esse viés?

1. *Aplique o poder da precisão*

Todos esses dados sobre a precisão despertam a curiosidade porque contradizem o comportamento da maioria das marcas. Por razões de conveniência, elas tendem a arredondar suas estatísticas. Por exemplo, uma marca de seguros popular pode alegar que tem "mais de um milhão de clientes". Também é possível que um livro de publicidade declare que seu conteúdo abarque os 25 vieses comportamentais que influenciam nossas escolhas de compras.

No entanto, o trabalho de Schindler sugere que em ambos os casos um erro foi cometido. Uma das formas da marca de seguros fazer uso da precisão, é afirmar, por exemplo, que possui "mais de 1,15 milhões de clientes". Ou talvez, no caso do autor, ele pudesse lançar uma continuação, oferecendo outros 16½ vieses comportamentais ao seu público.

Ressalto novamente, essa pesquisa lhe oferece uma oportunidade. Adicione mais precisão na forma com que se comunica e desfrute do aumento de credibilidade proporcionado por ela.

2. *Transmita valor através de uma precificação precisa*

O uso de números precisos traz benefícios que se estendem para além da credibilidade. Quando o assunto é precificação, eles também transmitem um valor agregado maior.

Em 2008, Chris Janiszewski e Dan Uy, psicólogos da Universidade da Flórida, publicaram, na revista acadêmica *Psychological Science,* um experimento simples que tinha os preços como ponto de partida.

Nele, os participantes foram informados sobre os preços de venda conferidos a uma série de produtos, incluindo um queijo, uma casa de praia, uma estatueta, um amuleto e uma TV de plasma. Na sequência, cada participante deveria estimar quanto custava o preço de fábrica dos itens. O pulo do gato no experimento foi o seguinte: algumas pessoas tiveram acesso a um valor arredondado enquanto outras acessaram um valor preciso.

Por exemplo, um terço dos participantes foi informado de que o preço de venda do queijo era US$5, outro terço que era US$4,85 e o um terço final US$5,15. A estimativa do valor real de cada um terço foi, respectivamente, US$3,75, US$4,17 e US$4,41.

Esse mesmo padrão se repetiu para cada um dos itens testados. Invariavelmente, os participantes pensavam que os preços arredondados, diferentemente dos números precisos, eram definidos a partir de uma elevação maior do valor original.

A hipótese levantada pelos psicólogos foi de que os compradores reconhecem que os preços estão inflacionados. No entanto, o que muda na análise dos preços redondos para os precisos é o grau da elevação. Quando imaginam um preço redondo, digamos dez libras por um relógio, a tendência é estimarem uma diferença maior entre o preço de fábrica e o de compra — por exemplo, de dez para nove libras. Já nos números precisos, as unidades tendem a encolher e, consequentemente, elas se ajustam em valores menores, por isso, para uma torradeira de 10,25 libras, o valor estimado gira em torno de 10,15 ou 10,05 libras.

As descobertas dos psicólogos foram apoiadas por dados do mundo real, nas quais 25.564 vendas de casas no condado de Alachua, na Flórida, foram analisadas. A partir dessa pesquisa, constataram que os vendedores que definiam um preço preciso para os seus imóveis — digamos, US$799.499 em vez de US$800 mil — realizavam suas vendas por um preço mais próximo àquele pedido originalmente, algo que não acontecia com os preços redondos.

A forma com que a precisão impacta a percepção de preço dos consumidores é um tema que deve interessar a muitos profissionais do marketing. Afinal, qual é a marca que não deseja aparentar mais valor? Contudo, ainda existem muitas outras estratégias de precificação identificadas por psicólogos.

O próximo capítulo é um bônus e nele iremos discutir como oferecer um conteúdo adicional às pessoas em vez de um preço com desconto pode ser uma ferramenta poderosa...

REFERÊNCIAS

'It Seems Factual, But Is It? Effects of Using Sharp versus Round Numbers in Advertising Claims' por Robert Schindler e Richard Yalch [*Advances in Consumer Research*, v. 33, p. 586–590, 2006].

'Precision of the Anchor Influences the Amount of Adjustment' por Chris Janiszewski e Dan Uy [*Psychological Science*, v. 19, n. 2, p. 121–127, 2008].

CAPÍTULO BÔNUS: NEGLIGÊNCIA DO VALOR BASE

DENTRO DA SEÇÃO de negócios da livraria, você analisa os títulos disponíveis. Entre tantas opções monótonas dispostas na mesa, um livro amarelo e preto chama a sua atenção.

A sinopse não é tão má assim e há algumas críticas positivas no verso. E o melhor de tudo, na capa tem um aviso de que a nova edição ainda vem com um capítulo bônus — isso significa 4% de conteúdo adicional gratuito.

Satisfeito com a barganha, você leva o livro até a fila do caixa.

O CAPÍTULO BÔNUS chamou a sua atenção. Incluir gratuitamente algum acréscimo ao produto é uma estratégia utilizada em algumas situações pelas marcas, no entanto, ela é menos comum do que simplesmente oferecer um pequeno desconto.

Incluir gratuitamente algum acréscimo ao produto é uma estratégia utilizada em algumas situações pelas marcas, no entanto, ela é menos comum do que simplesmente oferecer um pequeno desconto.

Dando preferência aos descontos, as marcas estão perdendo um artifício? Bem, é exatamente isso o que este capítulo se propõe a investigar.

Sobre isso, o estudo de Akshay Rao, da Universidade de Minnesota, e Haipeng Chen, da Texas A&M University, é a nossa principal referência. Em 2012, eles investigaram o impacto de diferentes tipos de atividades promocionais nas vendas de loções para as mãos em uma loja local. Na primeira semana, a loja vendeu a loção com 35% de desconto sobre o preço normal, na segunda semana, vendeu o mesmo item pelo mesmo preço, mas na descrição do produto vinha a informação de que ele continha uma quantidade 50% maior, de graça. Ao longo de dezesseis semanas, essas estratégias foram alternadas.

Do ponto de vista econômico, as duas ofertas são semelhantes. Na verdade, o desconto no preço do produto é um negócio ligeiramente melhor, por isso a expectativa era de que ele fosse mais popular entre os clientes. No entanto, não foi isso que aconteceu.

A propósito, quando a mensagem com o conteúdo bônus foi veiculada, 27 loções para as mãos foram vendidas, já quando a mensagem de desconto foi veiculada, o número caiu para quinze. Isso representa uma diferença de 81%. Por mais que o teste tenha envolvido um volume de vendas reduzido, a escala da variação conclui que, estatisticamente, essa foi uma descoberta relevante.

Mas por que a mensagem com o conteúdo bônus foi mais eficaz? Segundo os autores:

> A preferência dos consumidores por um bônus em detrimento de um desconto no preço que seja economicamente equivalente é influenciada de maneira sistemática por uma tendência de negligenciar o valor base associado às percentagens.

O que eles querem dizer com isso é que os compradores tendem a focar, principalmente, no percentual do anúncio, no caso estudado por eles, 35% ou 50%, e acabam se esquecendo de considerar uma questão tão importante quanto: a base a qual o percentual se refere. Neste exemplo, como 50 é um número maior do que 35, as pessoas presumiram que era um melhor negócio.

Como aplicar esse viés?

1. *Experimente dar preferência aos bônus do que aos descontos*

Para as marcas, é mais natural oferecer descontos em seus produtos a fim de seduzir e convencer os compradores do que adicionar extras gratuitos. O experimento de Rao e Chen, contudo, sugere que um erro pode estar sendo cometido aí. Em seu estudo, a intervenção que obteve o melhor resultado foi adaptar a oferta para um pacote bônus maior.

Tal estudo foi realizado apenas em escala pequena, sendo assim, pode ser que você queira realizar o seu próprio experimento para testar essa ideia.

2. *Explore o princípio da negligência do valor base para além da precificação*

Rao ainda argumenta que o princípio da negligência do valor base pode ser estendido ao setor de serviços. Como exemplo, ele aborda a United Airlines, cujos voos de São Francisco a Sydney demoram 15 horas. Se fosse do interesse da empresa ressaltar soluções para isso, o melhor que ela poderia fazer seria enfatizar os avanços relacionados a um aumento de, digamos, 25% na velocidade, em vez da redução equivalente no tempo gasto de, digamos, 20%.

Se preferisse, um fabricante de automóveis poderia descrever melhorias na eficiência energética com, digamos, um aumento de 50% no quilômetro por litro, em vez de enfatizar o declínio no consumo de energia com, digamos, uma redução equivalente de 33% no consumo de combustível.

No entanto, estamos divagando aqui com toda essa discussão sobre o princípio da negligência do valor base. Vamos agora retomar ao conteúdo principal e a uma outra peculiaridade referente a precificação, conhecida pelo nome de aversão a extremos...

REFERÊNCIAS

'When More is Less: The Impact of Base Value Neglect on Consumer Preferences for Bonus Packs Over Price Discounts' por Haipeng (Allan) Chen, Howard Marmorstein, Michael Tsiros & Akshay Rao [*Journal of Marketing*, v. 76, n. 4, p. 64–77, 2012].

7

AVERSÃO A EXTREMOS

VOLTANDO DA LIVRARIA, você se dedica à tarefa principal desta manhã: uma apresentação para sua chefe, Sophia. Enquanto pesquisa no Google imagens para os slides, um banner de uma instituição de caridade infantil internacional chama a sua atenção. Eles estão arrecadando fundos para ajudar as vítimas da guerra, então você decide contribuir.

Quando clica no anúncio, é redirecionado para a página de doações online, que abre automaticamente na opção de contribuição regular mensal. Nela, existem três valores para escolher: 27, 18 ou 7 libras.

Você hesita por alguns momentos e depois escolhe a opção do meio.

A SUA DECISÃO não deveria surpreendê-lo. Há uma descoberta bem famosa na ciência comportamental: a tendência de escolhermos a opção do meio quando nos deparamos com três preços diferentes.[1] Em situações de incerteza, presumimos que a opção mais barata provavelmente será de má qualidade e que optar por ela pode fazer com que pensem que somos mesquinhos, enquanto é bem possível que a mais cara esteja inflacionada e logo, ao escolhê-la, passaremos a impressão de sermos metidos. Isso é conhecido como aversão a extremos.

Vale a pena tentar implementar esse viés na sua empresa, uma vez que aversão a extremos é uma descoberta de profundo embasamento. Em 2015,

[1] Discuti brevemente a aversão a extremos em *The Choice Factory*. No entanto, não tive a oportunidade de abordar as nuances desse viés no livro. Como é um viés com implicações práticas significativas, quis corrigir essa lacuna.

Ulf Böckenholt, da Northwestern University, conduziu uma metanálise e encontrou evidências do impacto da aversão a extremos em 142 estudos.

Tanto B2B quanto B2C

A maior parte da pesquisa acadêmica relativa a essa temática foi conduzida entre consumidores. No entanto, também é possível explorar esse viés quando o objetivo é atingir os profissionais. Em 2018, ao lado da agência The Marketing Practice, eu questionei 213 tomadores de decisão em empresas para averiguar até que ponto eram afetados por vieses comportamentais.

Uma das áreas que analisamos foi justamente a aversão a extremos. Perguntamos aos entrevistados:

> Imagine que a sua empresa está cogitando contratar um serviço de limpeza. Existem três opções diferentes disponíveis, dependendo da frequência com que deseja que o profissional faça a limpeza. Qual opção você escolheria?

Estas três opções foram apresentadas a metade dos participantes:

1. Uma vez por semana (4h/dia) — 1.872 libras (+ impostos) por ano.
2. Três vezes por semana (4h/dia) — 5.616 libras (+ impostos) por ano.
3. Todos os dias úteis (4h/dia) — 9.360 libras (+ impostos) por ano.

Diante desse cenário, 18% das pessoas escolheram o plano "todos os dias úteis".

A outra metade dos participantes recebeu opções levemente diferentes:

1. Três dias na semana (4h/dia) — 5.616 libras (+ impostos) por ano.
2. Todos os dias úteis (4h/dia) — 9.360 libras (+ impostos) por ano.
3. Todos os dias úteis, durante toda a jornada de trabalho (7h/dia) — 16.384 libras (+ impostos) por ano.

Nessa configuração, o número de pessoas que escolheu o pacote com a opção 'todos os dias úteis' mais que dobrou, alcançando a marca de 37%. Mesmo que os atributos inerentes à oferta não tenham sido alterados, o seu poder de atração cresceu de acordo com a posição relativa que ocupou.

A seguir, veremos formas de alavancar e se beneficiar da aversão a extremos.

Como aplicar esse viés?

1. *Lance uma opção super premium*

Essa é uma descoberta de fácil aplicação. Digamos que você esteja vendendo duas linhas de sua marca — uma básica e uma *premium*, cuja margem é mais alta. Você pode incentivar as vendas da linha *premium* introduzindo uma versão super *premium*.

Caso opte por essa opção, você estará entre os bem-sucedidos. Observe a imagem a seguir, retirada do site da Tide. O pacote *premium* de cashback da Tide tem um valor agregado que ultrapassa as vendas diretas. É ele que incentiva as pessoas a fazerem a transição entre as contas Free e Plus.

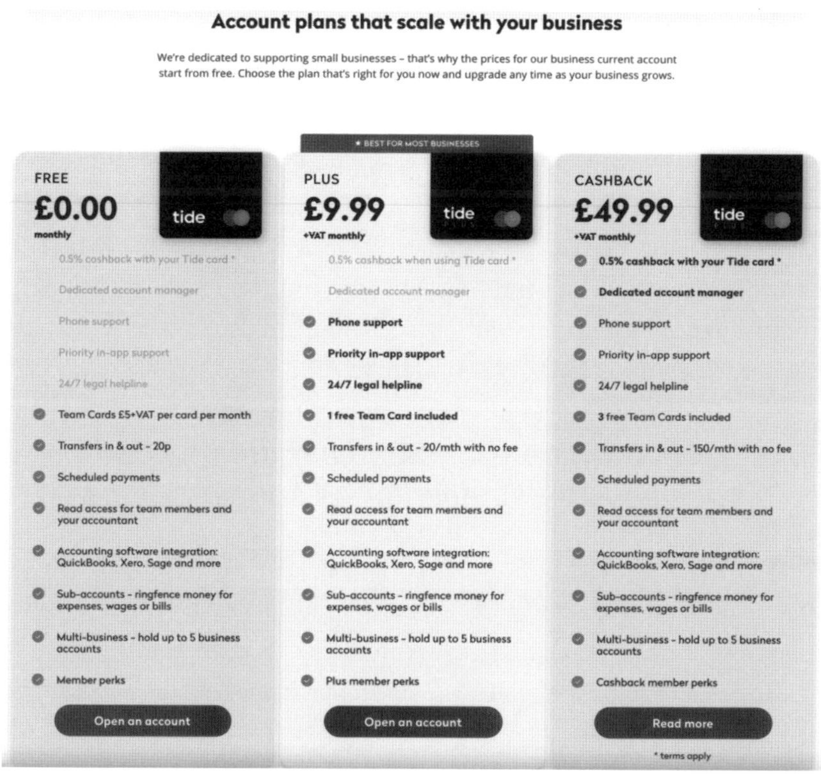

Tide aplicando o princípio da aversão a extremos nas opções de contas empresariais.

2. *Caso o produto seja utilitário ou o público-alvo seja mais velho, certifique-se de explorar a aversão a extremos*

A metanálise de Böckenholt identificou que, embora a aversão a extremos fosse uma descoberta amplamente aplicável, existiam algumas variações significativas na escala do seu impacto.

Uma variação fundamental a ser analisada é o tipo de produto. Em seu estudo, ele diferenciou o efeito da aversão a extremos em produtos utilitários, como micro-ondas e detergentes, e hedônicos, como chocolates e relógios de grife. As pessoas eram muito mais propensas a optar pela opção intermediária em compras utilitárias, nas quais não queriam passar por nenhum tipo de ansiedade, do que nas compras hedônicas, em que o mais importante era satisfazer um prazer.

A segunda descoberta relevante é que a aversão a extremos tende a funcionar melhor com idades mais elevadas. Em uma pesquisa não publicada de 2015, Aimee Drolet, da UCLA Anderson, e Reid Hastie, da Universidade de Chicago, pediram a 282 adultos que fizessem uma série de escolhas.[2] Eles apresentaram aos participantes opções em diversas categorias, desde ingressos de beisebol até sorvetes e binóculos. Os psicólogos descobriram que os mais velhos eram mais propensos a escolher a opção intermediária, executando-a 61% das vezes, em comparação com os 41% aplicados aos mais jovens.

Portanto, se você está trabalhando com um produto utilitário, ou voltado para consumidores mais velhos, certifique-se de que a aversão a extremos faça parte da sua caixa de ferramentas.

3. *Leve em consideração a ordem na qual você escolhe apresentar os seus produtos*

As marcas costumam utilizar a aversão a extremos com uma frequência até bastante razoável. No entanto, a forma com que a colocam em prática

[2] O estudo não publicado pode ser encontrado neste artigo por Itamar Simonson, da Universidade de Stanford e seus colegas (página 6): https://tinyurl.com/h279yyxz. [conteúdo em inglês]

poderia ser aprimorada. Uma das possibilidades para que essa estratégia alcance a sua potência máxima seria conjugá-la com um viés chamado "efeito de ordem".

> **A aversão a extremos pode ser conjugada com um viés chamado "efeito de ordem" para que alcance a sua potência máxima.**

A melhor maneira de explicar essa descoberta é recorrendo a um experimento. Em 2012, Donald Lichtenstein e sua equipe, da Universidade do Colorado, realizaram um experimento de oito semanas em um bar nos Estados Unidos.

Quando os clientes chegaram ao bar, receberam um cardápio com treze opções de cervejas engarrafadas. Às vezes, a equipe distribuía um cardápio com uma cerveja de US$4 na parte superior e, abaixo, opções com preços cada vez mais elevados. Já em outras ocasiões, as mesmas bebidas foram listadas, mas dessa vez em uma ordem decrescente de preço.

Os psicólogos descobriram que quando o cardápio tinha um item de baixo valor no topo, em média, o preço pago era de US$5,78. Mas quando a ordem dos produtos foi invertida, o preço médio pago aumentou 24 centavos, ficando em US$6,02 — o que representa um aumento estatisticamente significativo de 4%.

Mas por quê? Bem, os psicólogos argumentaram que as pessoas tendem a ler o cardápio de cima para baixo, e o primeiro preço que você encontra irá ter um impacto desproporcional na sua avaliação sobre o que é um valor razoável a se pagar. Se logo que espia as opções, você vir uma cerveja cara, aquela de preço médio que virá na sequência parecerá uma pechincha. Ao passo que, se a lógica inverter e você avistar primeiramente a cerveja barata, as alternativas de preço médio serão reformuladas como uma extravagância.

Para testar a validade dos resultados, os psicólogos realizaram estudos adicionais em outras categorias. Por exemplo, deram a 219 participantes uma lista com diversas opções de canetas que poderiam comprar, com preços que variavam entre 15 e 90 centavos. Quando os valores eram apresentados em ordem decrescente, o preço médio de compra foi de 63 centavos. Já na ordem crescente, ele caía para 53 centavos. Ou seja, houve um aumento de 19%.

Novamente, existem implicações práticas para essas descobertas. Vamos analisar a Tide e seus três produtos uma outra vez. De acordo com o efeito de ordem, a abordagem ideal seria inverter a sequência com que são apresentados. Como as pessoas leem da esquerda para a direita, o produto mais caro deveria estar posicionado na margem esquerda.[3]

4. *Leve em consideração o efeito isca: um elemento surpresa na aversão a extremos*

A condição relativa dos preços pode ser explorada por outros métodos além da aversão a extremos. Uma dessas estratégias alternativas é o "efeito isca".[4]

Em 1982, os psicólogos Joel Huber, John Payne e Christopher Puto, da Duke University, realizaram o primeiro estudo sobre esse viés. Diante de uma seleção de cervejas, Huber e seus colegas pediram a 153 participantes que fizessem algumas escolhas.

Duas opções de cervejas foram apresentadas a alguns dos participantes:

Cerveja A, preço US$1,80 e nota 50 de 100 em termos de qualidade.
Cerveja B, preço US$2,60 e nota 70 de 100.

Nessa configuração, nenhuma das alternativas é inquestionavelmente melhor: a cerveja A é mais barata, mas a cerveja B é de melhor qualidade. Em termos objetivos, não há opção superior. Esse fato fez com que o resultado das escolhas fosse bastante equilibrado: 43% dos participantes escolheram a Cerveja A e 57% a Cerveja B.

[3] Existem outros experimentos que justificam a importância da ordem de apresentação dos produtos. Reid Hastie, da Universidade de Chicago, mostrou que, quando todas as coisas são iguais, as pessoas tendem a preferir o primeiro item de uma lista. Em 2009, ele pediu a 214 participantes que provassem entre dois a cinco vinhos. Embora tenham sido informados de que experimentariam vinhos diferentes, todas as amostras eram iguais. No final da degustação, perguntaram a cada participante qual havia sido o seu vinho preferido. O primeiro vinho foi sempre a escolha preferida. Eis, portanto, um outro motivo para que você se certifique de que o primeiro item visto pelo seu público seja aquele que deseja vender.

[4] Esse mesmo efeito também tem o nome de dominância assimétrica.

Em seguida, um segundo grupo de participantes foi apresentado a três tipos de cervejas:

> Cerveja A, preço US$1,80 e nota 50 de 100 em termos de qualidade.
> Cerveja B, preço US$2,60 e nota 70 de 100.
> Cerveja C, preço US$1,80 e nota 40 de 100.

Neste cenário, a cerveja C é o elemento isca. É semelhante à Cerveja A, mas obviamente menos atraente: tem o mesmo preço, mas uma qualidade pior. Nas palavras dos psicólogos, a Cerveja A "domina" a C. Diante de tal configuração, 63% dos participantes escolheram a Cerveja A — um aumento de 47%. Como vimos em situações distintas, é comum as pessoas optarem por uma decisão que seja mais rápida e mais simples — mesmo que seja de qualidade inferior — em vez de uma decisão que seja apurada, mas que envolva complexidades. Nesse caso, a atenção dos participantes foi capturada pela comparação simples entre A e C em detrimento da opção B, que era mais difícil de ser comparada.

Aplicar esse viés é bem fácil. Vamos recorrer novamente ao exemplo da Tide. Uma forma de fazer com que as pessoas prefiram a opção de 49,99 libras seria incluir uma outra opção com o mesmo preço, mas que nitidamente tivesse menos benefícios.

Marcas de grande porte não são as únicas que costumam aplicar essa tática. De acordo com Rory Sutherland, os agentes imobiliários:

> ... tendem a explorar esse efeito quando mostram um imóvel "isca", porque assim fazem com que seja mais fácil para o cliente escolher entre as duas casas que eles realmente pretendem vender. É normal que mostrem uma opção totalmente inadequada e, em seguida, apresentem duas opções que sejam comparáveis, no entanto, o valor de uma delas é claramente melhor que o da outra. A casa de melhor valor é aquela que querem vender, enquanto a outra, a isca, é mostrada com o propósito de fazer com que a escolha definitiva realmente pareça boa.

Do mesmo modo que acontece com a aversão a extremos, existem variações no impacto deste viés. Um fator que parece impactar a escala do efeito é a idade do alvo. Em 2005, Sunghan Kim e Lynn Hasher, da Universidade de Toronto, realizaram um estudo com 689 estudantes (com idades entre 17 e 27 anos) e 384 adultos mais velhos (com idades entre 60 e 79 anos). Os pesquisadores descobriram que esse viés funcionou de forma mais eficaz com o grupo mais jovem. Eles argumentaram que, conforme as pessoas ficam mais velhas, também possuem mais experiência e, com isso, o impacto do viés se torna menor.

O efeito isca e a aversão a extremos são vieses bem conhecidos. Contudo, nem todos os estudos sobre precificação tornam-se populares. Você já ouviu falar em negligência do denominador? Se não, pode ser que o próximo capítulo caia bem...

REFERÊNCIAS

'A meta-analysis of extremeness aversion' por Nico Neumann, Ulf Böckenholt e Ashish Sinha [*Journal of Consumer Psychology*, v. 26, n. 2, p. 193–212, 2015].

'Behavioural Science: What does it mean for B2B marketers' por The Marketing Practice e Richard Shotton [2018] retirada da página: https://25865525.fs1.hubspotusercontent-eu1.net/hubfs/25865525/Blogs/Reports/Behavioural-Science-for-B2B-marketers-TMP-research.pdf.

'The influence of Price Presentation Order on Consumer Choice' por Kwanho Suk, Jiheon Lee e Donald Lichenstein [*Journal of Marketing Research*, v. 49, n. 5, p. 708–717, 2012].

'Adding Asymmetrically Dominated Alternatives: Violations of Regularity and the Similarity Hypothesis' por Joel Huber, John W. Payne e Christopher Puto [*Journal of Consumer Research*, v. 9, n. 1, p. 90– 98, 1982].

'The Attraction Effect in Decision Making: Superior Performance by Older Adults' por Sunghan Kim e Lynn Hasher [*Quarterly Journal of Experimental Psychology*, v. 58, n. 1, p. 120–133, 2005].

8

NEGLIGÊNCIA DO DENOMINADOR

PARECE QUE O dia está demorando para engrenar, então você resolve dar um pulinho na cozinha do escritório para preparar uma xícara de café forte. Lá, acaba trombando com a sua colega Anna, que está organizando uma rifa para a instituição de caridade de sua empresa.

Existem duas formas de colaborar — uma rifa que acontecerá só para a sua equipe ou uma outra na qual toda a empresa participará. O prêmio para as duas é o mesmo — um dia de folga do trabalho — e o preço do ingresso também é o mesmo. Contudo, na rifa de equipes, um grupo de dez pessoas concorrerá a um único prêmio, enquanto na rifa da empresa serão nove prêmios para os cem funcionários.

Você pensa em comprar os dois tipos, mas cada um deles custa cinco libras, o que é um preço bem salgado considerando que o seu salário já caiu há um tempo. Melhor então escolher apenas uma.

Mas qual? Você pensa por alguns segundos e então escolhe a rifa na qual toda a empresa concorrerá — levando em conta que são nove chances de ganhar, pode ser que você vença. Então entrega a ela uma nota amassada de cinco libras e volta para sua mesa, sonhando acordado com o que fará no seu dia de folga extra.

VOCÊ FEZ A escolha certa? Uma avaliação imparcial das probabilidades sugere que não. Tire um instante para analisar as probabilidades subjacentes das duas rifas diferentes: a rifa que era apenas para sua equipe oferecia 10% de chance de ganhar, comparado com 9% para a opção que incluía todo o escritório.

Você não seria o único a cometer esse erro. Daniel Kahneman foi o primeiro a rotular esse fenômeno de "negligência do denominador", em seu livro *Rápido e devagar: duas formas de pensar*. Essa é a tendência que nós temos de reter o número principal, no exemplo acima, um ou nove vencedores, no lugar do que esse número representa, uma probabilidade de 10% ou 9% de ganhar. Desde então, houve uma série de estudos sobre negligência do denominador. Nas palavras do psicólogo David Bourdin:

> Parece que escolher altas frequências absolutas de sucesso, em vez de grandes probabilidades de sucesso, é uma inclinação natural dos indivíduos.

Se isso soa meio abstrato, permita-me conduzi-lo por um estudo para deixar as coisas mais palpáveis.

> **Nossa tendência é reter os números principais, no lugar do que os números realmente representam.**

Em seu experimento de 1994, Veronika Denes-Raj e Seymour Epstein, da Universidade de Massachusetts, mostraram aos participantes duas tigelas preenchidas por diferentes misturas de jujubas vermelhas e brancas. Os pesquisadores então perguntaram aos participantes em qual das duas tigelas gostariam de tentar a sorte — se eles capturassem uma jujuba vermelha, ganhariam US$1.

A primeira tigela era menor, com apenas dez jujubas, uma das quais era a vermelha. A segunda tigela, maior, continha cem jujubas, oito delas eram vermelhas. Olhando para as probabilidades, a primeira cumbuca oferecia aos coletores a melhor chance de sucesso. No entanto, quase metade dos participantes optou pela escolha que não oferecia as condições ideais.

Os psicólogos repetiram o experimento sete vezes. A cada vez variavam a mistura de cores na tigela com cem jujubas — sempre com uma quantidade entre cinco e nove das estimadas balas vermelhas. Na cumbuca menor, a proporção permaneceu a mesma. Isso significa que as probabilidades eram sempre piores na tigela grande.

Durante o desenvolvimento do estudo, 82% dos participantes escolhiam, pelo menos uma vez, caçar a jujuba vermelha na tigela maior. Eles escolheram a tigela com o maior número absoluto de balas campeãs, em vez da tigela com as melhores proporções.

Segundo os psicólogos:

> Os participantes relataram que, embora soubessem que as probabilidades estavam contra eles, quando viam mais jujubas vermelhas, sentiam que tinham mais chances de ganhar.

De maneira consistente, eles descobriram que os participantes focavam no número principal (ou seja, o número de balas vermelhas, o numerador), e não no número de vezes que o evento poderia ocorrer (ou seja, todas as balas, o denominador).

Quem sabe você não possa usar negligência do denominador ao seu favor. Aqui vão algumas fórmulas para isso.

Como aplicar esse viés?

1. *Aplicando a regra dos 100 às promoções*

Quando você olha para experimentos com jujubas, pode ser que eles pareçam estar a quilômetros de distância dos seus desafios mais imediatos, mas nesse caso, também existem aplicações comerciais. Você pode, por exemplo, tirar vantagem dessa descoberta quando quiser comunicar algum desconto, como mostra uma experiência de Eva González, da EGADE Business School, no México.

Em 2016, ela recrutou 75 participantes e mostrou a eles uma oferta de um pacote de balões cujo preço normalmente girava em torno de 48 pesos. Algumas vezes, os participantes viam um desconto de doze pesos no preço dos balões, outras, viam a taxa de 25% anunciada.

Se entre os leitores existe algum matemático com olhos de águia, provavelmente já se deu conta que a redução é a mesma. Porém, os grupos tiveram uma outra forma de avaliar a chance de negócio: quem viu o desconto percentual classificou-o como melhor. Eles pontuaram o valor percebido em 3,73, enquanto aqueles que viram o desconto absoluto o avaliaram em apenas 3,46: uma queda de 8%.

Mas essa foi apenas a primeira metade do experimento. Em seguida, González mostrou a um grupo separado de participantes uma jaqueta que normalmente custa 480 pesos. Algumas pessoas viram um desconto de 120 pesos, outras de 25%. Novamente, essa é a mesma redução.

Desta vez, aqueles que viram o desconto absoluto avaliaram melhor essa chance de negócio. Tal grupo pontuou o negócio em 4,16, ante 3,7 entre aqueles expostos ao desconto percentual. Essa é uma variação estatisticamente significativa de 12% nas classificações.

Com o estudo, González descobriu que as pessoas dão demasiada importância ao número principal e não se atinam para o que ele realmente representa. Portanto, é mais provável que pensem que 25% é melhor do que doze pesos de desconto, porque o primeiro número é maior. Tal como acontece com o estudo das jujubas, os consumidores tendem a negligenciar o denominador.

Isso leva ao que Jonah Berger, professor da Wharton, chama de Regra dos 100. Em suas palavras:

> A Regra dos 100 diz que abaixo de US$100, os descontos percentuais parecem maiores que os absolutos. Mas acima de US$100, as coisas se invertem: os descontos absolutos parecem maiores do que os percentuais.

Se os preços da sua marca forem inferiores a cem libras (ou dólares ou ienes ou reais), então use as percentagens para comunicar o valor de desconto, mas se o preço for superior a cem libras, então escolha os termos absolutos para apresentar o seu desconto.

2. *Leve em consideração a oferta de múltiplos descontos acumulados*

Mas essa tática que vimos não é a única maneira de aproveitar a negligência do denominador. Outra abordagem é dividir seus descontos, uma estratégia conhecida como empilhamento de descontos.

Como de costume, vamos começar com um experimento. Desta vez a referência vem de Akshay Rao, da Universidade de Minnesota, e Haipeng Chen, da Texas A&M University.

Em 2007, os pesquisadores convenceram uma loja a oferecer uma série de descontos nas suas tábuas de cortar. Às vezes a loja oferecia 40% de desconto direto, outras vezes exibia a redução de preço em duas partes. O desconto foi descrito como 20% de desconto, seguido de um outro desconto de 25% sobre o que já estava sendo descontado.

Do ponto de vista econômico, os dois descontos são idênticos.[1] Assim sendo, se as pessoas agissem como "máquinas de calcular sedentas",[2] ambas as chances de negócios deveriam ser igualmente atraentes e em qualquer cenário as vendas deveriam ser aproximadamente as mesmas. Mas não foi isso que aconteceu. No período de um mês, nas situações em que a oportunidade foi descrita como um desconto duplo, as vendas foram significativamente maiores.

Esse tipo de situação em que existe um afastamento do comportamento matemático ideal pode ser explicado pelo princípio da negligência do denominador. Mais uma vez, as pessoas interpretam os números pelo seu valor nominal, em vez de avaliar o que representam. Elas somam 20% e 25% como 45% e, portanto, preferem esse valor a um desconto direto de 40%. Na pressa de tomar decisões que beirem ao instantâneo, esquecem que o segundo desconto foi calculado a partir de uma base menor e, assim sendo, é menos valioso.

A implicação é óbvia — no lugar de oferecer descontos simples e únicos, teste se uma abordagem de dois níveis funciona para você.

3. *Apresente os descontos acumulados em ordem crescente*

Se você já faz uso de descontos acumulados, leve em conta as nuances descobertas por Han Gong, da Universidade de Finanças e Economia de Xangai. Em 2019, Gong mostrou aos participantes um de dois anúncios referentes a

[1] Não sendo a pessoa mais versada em matemática, achei difícil acreditar nessa diferença à primeira vista. Tive que checar algumas vezes. Portanto, se você precisar pegar uma calculadora e conferir por si mesmo, por favor, fique à vontade.

[2] Uma expressão supostamente cunhada por Nye Bevan, o secretário da Saúde do Partido Trabalhista, para descrever o líder de seu partido, Hugh Gaitskell.

um suéter de US$100. Ambos os anúncios usaram empilhamento de descontos, porém a ordem na qual aplicaram os descontos variou.

Em uma versão, o suéter teve um desconto de 10%, com desconto extra de 40% sobre esse valor. Na outra versão, a lógica dos descontos se inverteu: 40% de desconto sobre o preço original seguido de mais 10% de desconto.

Gong descobriu que a intenção de compra era 15% maior quando os descontos eram apresentados em ordem crescente (ou seja, 10% seguidos de um desconto adicional de 40%), em comparação com uma sequência decrescente. Nas palavras do psicólogo:

> ...compreendemos que os consumidores estabelecem um ponto referencial para um desconto e o comparam com o desconto adicional.

Em outras palavras, o primeiro número define o que é um bom desconto. Se você começar com uma oferta grande e aquela que se seguir for menor, então a impressão é de que tal redução é praticamente irrelevante. No entanto, se você inverter a ordem e começar com um pequeno desconto, dando na sequência um maior, este parecerá uma oferta generosa.

4. *Reformule o desconto como uma comparação em oposição ao preço de venda*

Vejamos mais uma aplicação tática. Em 2018, Abhijit Guha, da Universidade da Carolina do Sul, conduziu um estudo em quatro mercearias na Suécia, utilizando uma gama de produtos domésticos (shampoo, guardanapos, café e cremes de leite).

Guha testou diferentes mensagens de venda. Em todos os casos, o anúncio mostrava tanto o preço original quanto o preço promocional. No entanto, metade deles enfatizava o preço reduzido, por exemplo, "agora 31% menor", enquanto os restantes sublinhavam o preço original mais elevado, por exemplo, "antes era 44% maior".

Com esse experimento, o psicólogo descobriu que quando a abordagem de venda anunciava "antes era maior" em vez de "agora é menor" as vendas dos quatro produtos mais que duplicaram.

Então, no seu próximo anúncio promocional, experimente esse ajuste. Afinal, não há nenhum custo adicional – você terá que escolher uma das duas maneiras para enquadrar o desconto. Então, por que não testar a ideia de Guha e conferir se na sua categoria de produto ela terá resultados tão impressionantes?

Aplicando indiretamente essa ideia

Até agora, os estudos que discutimos aplicam o princípio da negligência do denominador literalmente. Eles mostram que, em diversas circunstâncias, as pessoas tendem a reagir ao número em si e não ao que ele representa.

Mas há um ponto subjacente mais amplo a ser considerado. Repetidas vezes, esses estudos mostram que as pessoas reagem ao tamanho aparente dos descontos, e não ao tamanho real. Esse princípio também pode ser aplicado de forma mais genérica.

5. *Ao exibir os preços, ajuste o tamanho das fontes para aproveitar a congruência da representação de magnitude*

Em 2005, Keith Coulter, da Universidade Clark, e Robin Coulter, da Universidade de Connecticut, testaram uma ideia que chamaram de "congruência da representação de magnitude". Essa é a ideia de que os preços escritos em letras maiores são considerados mais caros do que aqueles escritos em letras menores. As pessoas associam o tamanho da fonte ao custo real.

Para testar a hipótese, recrutaram 65 participantes e entregaram-lhes um folheto com uma série de anúncios. Um dos produtos mencionados foi um par de patins com desconto. Na condição de controle, o preço promocional apareceu em fonte maior que o preço normal:

Preço Original: US$239.99 Preço Promocional: US$199.99

Na condição teste, o preço original aparecia maior:

Preço Original: US$239.99 Preço Promocional: US$199.99

Os participantes avaliaram a probabilidade de comprar o produto em 3,63 em uma escala de sete pontos quando o preço promocional era apresentado em uma fonte maior que o preço original. No entanto, a probabilidade de compra aumentou para 4,54, um percentual de 25%, quando o preço com desconto era escrito em letras maiores.

Isso sugere que, para aumentar a percepção de valor, o tamanho da fonte do preço original deve ser maior que o do preço promocional.

Por mais que o estudo Coulter seja interessante, a quantidade de participantes pode ter lhe deixado com uma pulga atrás da orelha. Afinal, eram apenas 65 pessoas. Portanto, antes de aplicar esse experimento, você pode querer realizar um por conta própria para ver se os resultados se manterão os mesmos em sua categoria. Mas antes de se apressar para fazer um teste similar, que tal dar uma olhada no próximo capítulo? Nele, você encontrará alguns conselhos sobre como aplicar testes...

REFERÊNCIAS

'Conflict between intuitive and rational processing: When people behave against their better judgment' por Veronika Denes-Raj e Seymour Epstein [*Journal of Personality and Social Psychology*, v. 66, n. 5, p. 819–829, 1994].

'Amount off vs percentage off – when does it matter?' por Eva Gonzáles, Eduardo Esteva, Anne L. Roggeveen e Dhruv Grewal [*Journal of Business Research*, v. 69, n. 3, p. 1022–1027, 2016].

'When Two Plus Two Is Not Equal to Four: Errors in Processing Multiple Percentage Changes' por Akshay Rao e Haipeng Chen [*Journal of Consumer Research*, v. 34, n. 3, p. 327–340, 2007].

'The Illusion of Double-Discount: Using Reference Points in Promotion Framing' por Han Gong, Jianxiong Huang e Kim Huat Goh [*Journal of Consumer Psychology*, v. 29, n. 3, p. 483–491, 2019].

'Reframing the Discount as a Comparison against the Sale Price: Does it Make the Discount More Attractive?' por Abhijit Guha, Abhijit Biswas, Dhruv Grewal, Swati Verma, Somak Banerjee e Jens Nordfält [*Journal of Marketing Research*, v. 55, n. 3, p. 339–351, 2016].

'Size Does Matter: The Effects of Magnitude Representation Congruency on Price Perceptions and Purchase Likelihood' por Keith Coulter e Robin Coulter [*Journal of Consumer Psychology*, v. 15, n. 1, p. 64–76, 2005].

9

A NECESSIDADE DO EXPERIMENTO

VOCÊ OUVE UM barulho na porta de entrada do escritório. Quando vai até lá para descobrir o que é, percebe que foi deixado no capacho um punhado de cartas e folhetos. Entre os envelopes brancos e marrons, um vermelho brilhante se destaca. Você se aproxima para olhar mais de perto.

É um envelope da instituição Christian Aid. Eles pedem por doações e dizem que virão recolher na próxima semana.

Você coloca a mão no seu bolso e retira uma nota de cinco amassada. Em seguida, a deposita dentro do envelope.

O QUE FEZ você doar? Foi o texto da mensagem, a imagem usada ou algum outro fator que nem consegue verbalizar? Talvez um experimento prático possa oferecer uma explicação. Vejamos.

Todo mês de maio, os voluntários da Christian Aid entregam em mãos 7 milhões de envelopes em casas britânicas e depois retornam mais tarde para recolhê-los junto com quaisquer doações que possam ter sido efetuadas. Em 2018, decidiram aplicar a ciência comportamental às mensagens para aumentar as doações.

Trabalhando com a Ogilvy Consulting, eles testaram sete mensagens em 1,2 milhão de envelopes. Esse trabalho pode ser visto na tabela a seguir.

Viés	Mensagem
Controle	Pedido simples de doação
Ilusão de esforço	"Entregue e coletado em mãos pelo voluntário local" carimbado
Escassez	"Esta é a única semana em que estamos coletando doações!" banner
Facilidade cognitiva	"Apelo. Envelope para doações." banner
Indicações de affordance	Envelope formatado no modo retrato para indicar que se tratava de um envelope e não de um folheto
Relevância	Enfatizando os benefícios do Gift Aid "Aumente sua doação em 25% sem pagar nada a mais por isso"
Sinalização onerosa	Utilizando um papel mais grosso no envelope para aumentar a percepção sobre o seu valor

Leia as mensagens e escolha entre elas as duas estratégias que você acha que foram menos eficazes em termos de receita total gerada.

Feito? Nesse caso, analise os resultados na tabela a seguir.

Viés	Estratégia	Doação média
Controle	Pedido simples de doação	0,34 libras
Ilusão de esforço	"Entregue e coletado em mãos pelo voluntário local" carimbado	0,39 libras
Escassez	"Esta é a única semana em que estamos coletando doações!" banner	0,28 libras
Facilidade cognitiva	"Apelo. Envelope para doações." banner	0,38 libras
Indicações de affordance	Envelope formatado no modo retrato para indicar que se tratava de um envelope e não de um folheto	0,40 libras
Relevância	Enfatizando os benefícios do Gift Aid "Aumente sua doação em 25% sem pagar nada a mais por isso"	0,18 libras
Sinalização onerosa	Utilizando um papel mais grosso no envelope para aumentar a percepção sobre o seu valor	0,39 libras

Como você se saiu? Caso tenha intuído corretamente os resultados, talvez este capítulo não lhe seja necessário,[1] mas para o resto de nós vale a pena nos aprofundarmos nesta análise.

Os dois piores desempenhos, nos quais as estratégias foram concebidas para suscitar os vieses de relevância e escassez, saíram pela culatra e geraram, na verdade, menos dinheiro do que o grupo de controle.[2] A equipe da Ogilvy levantou a hipótese de que talvez a urgência temporal da mensagem de escassez "desse às pessoas uma justificativa para não doar". Eles também se perguntaram se o Gift Aid reduziu as doações, uma vez que "tornou o ato de doar muito transacional" (dissipando o "brilho caloroso" envolvido em uma doação). Essas são explicações plausíveis, mas são fáceis de se especular uma vez que os resultados foram divulgados, e difíceis de identificar de antemão.

Quando mostro essas mensagens às pessoas, poucas conseguem adivinhar quais seriam as de pior desempenho. A partir disso, é importante pensar por um momento. Se não conseguimos prever o impacto de nossas intervenções com confiança e facilidade, então as próximas decisões deverão ser tomadas com alguma cautela. Precisamos, portanto, testar. Isso não deve ser visto como uma falha de conhecimento, mas sim como um reconhecimento da complexidade inerente às pessoas e de como o comportamento é indissociável por natureza ao contexto em que se dá.

> **!** **Se não conseguimos prever o impacto de nossas intervenções com confiança e facilidade, então as próximas decisões deverão ser tomadas com alguma cautela.**

Vamos dar uma olhada em como os testes podem ajudá-lo.

---

[1] Na verdade, ele será necessário, sim.

[2] Ogilvy Consulting produz um relatório anual que enfatiza seus trabalhos recentes. Nele, estão incluídos tanto as campanhas de sucesso quanto àquelas que não deram certo, o que é algo admirável.

Como aplicar esse viés?

1. *Seja mais cético em relação a afirmações*

Uma vez que você tenha decidido criar um teste, a próxima questão é como estruturá-lo. A regra principal é não confiar nas afirmações das pessoas. Um dos temas amplos da ciência comportamental é que aquilo que as pessoas *dizem* motivá-las e o que *realmente* as motiva são duas coisas diferentes.

Algumas vezes isso acontece porque as pessoas mentem quando são questionadas. Outro ponto ainda mais problemático: muitas vezes as pessoas não conhecem as suas verdadeiras motivações. Nas palavras de Timothy Wilson, professor da Universidade da Virgínia, as pessoas são "estranhas para si mesmas".

Essa não é uma afirmação sem sentido.

A ideia de que as pessoas não conhecem as suas próprias motivações é demonstrada por uma experiência de 1999 liderada por Adrian North, então psicólogo na Universidade de Leicester.

Ao longo de duas semanas, ele alternou a música de fundo tocada no corredor de vinhos de um supermercado, entre a tradicional música oompah alemã e a música francesa de acordeão. Quando a música de acordeão tocava, o vinho francês representava 83% das vendas de vinho; quando a trilha sonora era música oompah, 65% das vendas eram o vinho alemão. A escala da variação mostra que o principal fator determinante na escolha do tipo de vinho comprado era a música.

Depois, quando os clientes saíam do supermercado, North os parava para perguntar se haviam comprado algum vinho, fosse ele francês ou alemão. Se sim, a próxima pergunta era por que haviam escolhido comprar aquela garrafa em particular. Apenas 2% dos compradores atribuíram espontaneamente a sua escolha à música. Mesmo quando questionadas se esse era o motivo, 86% das pessoas afirmaram que não havia qualquer relação entre uma coisa e outra. As afirmações das pessoas sobre as suas motivações estavam totalmente desalinhadas com a realidade.

Não é que elas estivessem propriamente mentindo; o motivo principal para isso ter acontecido reside no fato de que as pessoas não possuem uma consciência completa sobre as suas verdadeiras motivações.

Descobertas como as de North sugerem que um ceticismo saudável deve estar atrelado à todas as análises dos resultados de pesquisas e grupos focais.

Então, se os dados relativos ao que as pessoas afirmam não serão utilizados, o que você deverá fazer? Bem, os cientistas comportamentais priorizam os dados observados.

Existem duas técnicas em particular que podem ajudá-lo nessa área: testes monádicos e experimentos de campo.

2. *Aprimore suas pesquisas usando testes monádicos*

Os testes monádicos são uma forma simples de gerar um retorno mais apurado nas pesquisas. A abordagem envolve dividir aleatoriamente os participantes em grupos ou células, que receberão as mesmas informações sobre o resumo de um assunto. No entanto, em cada célula o resumo virá acompanhado por um fato adicional, que varia entre as células. Posteriormente, os entrevistados são questionados sobre como se sentem em relação ao assunto. Qualquer diferença nas classificações é atribuída à variável nos resumos.

Se isso está lhe parecendo um pouco confuso, pode ser que um exemplo concreto ajude a clarear. Vamos então analisar a pesquisa que fiz sobre reenquadramento temporal — essa é a ideia de que, ao ponderarem sobre um preço, as pessoas dão maior importância ao montante mencionado e menosprezam o prazo previsto.

Em meu experimento, mostrei a quinhentas pessoas a foto de um carro e uma breve descrição do modelo. Isso aconteceu da mesma forma para todos. Mas com alguns participantes o preço transmitido era 4,57 libras por dia, alguns outros era 32 libras por semana, outros era 139 libras por mês e o grupo final era 1.668 libras por ano. Se você fizer as contas, perceberá que todos os preços foram os mesmos durante o que seria o período de um ano inteiro.

Por fim, os participantes foram convidados a avaliar o valor do carro. Os resultados revelaram que quanto maior o prazo, menos atraente parecia ser o negócio. Quando os preços eram apresentados pelo padrão diário, a probabilidades de serem classificados como um bom negócio era quatro vezes maior do que quando viam um montante anual.

Nesse sentido, a implicação para as empresas é simples — certifique-se de transmitir o preço nas menores unidades de tempo possíveis.

No entanto, o mais relevante aqui é a técnica, e não a descoberta. Uma abordagem enviesada dos testes monádicos conduz a resultados mais apurados. Se perguntasse diretamente às pessoas: "Qual preço lhe convenceria com maior eficácia de que o valor do carro é um bom negócio: uma libra por dia ou sete libras por semana?", elas ficariam desconcertadas e diriam que os preços são exatamente os mesmos. Mas, ao questionar as pessoas indiretamente, os testes monádicos trazem à tona as verdadeiras motivações de comportamento das quais as pessoas podem não estar conscientes.

Da próxima vez que você realizar uma pesquisa, certifique-se de usar essa técnica simples.

3. *Complemente os testes monádicos com experimentos de campo*

O teste monádico é útil, mas ainda existe um outro elemento sobre os dados coletados a partir de afirmações que deve ser considerado. Para isso, uma abordagem ainda melhor é realizar um experimento de campo, uma das principais abordagens usadas pelos psicólogos.

A técnica é simples. Você cria dois cenários em uma configuração naturalista — portanto, não em uma pesquisa — em que todos, exceto um fator, são mantidos iguais. Você então mede as diferenças de comportamento nessas configurações. Qualquer disparidade de comportamento pode ser atribuída à variável alterada.

Novamente, se isso parece um pouco abstrato, vejamos um exemplo de um experimento de campo que realizei há alguns anos, quando trabalhava com um grande supermercado britânico que queria desmistificar a percepção equivocada sobre seus preços serem elevados.

Depois de analisar seus anúncios promocionais, percebi que eles raramente usavam preços atraentes. Isso significa a prática de definir preços que terminem em nove, tendo como base que eles costumam ser interpretados como se tivessem um valor melhor do que os outros.[3] Minha sugestão foi, portanto, que tanto na loja quanto nos anúncios, eles se certificassem de que seus preços eram atraentes.

O cliente não se convenceu. Eles acreditavam que os preços que terminavam em nove eram bregas e que isso poderia prejudicar sua reputação de alta qualidade arduamente conquistada. Essa não é uma crença irracional. Há algumas evidências de que os compradores preferem preços redondos. Em 2013, Michael Lynn, da Universidade Cornell, analisou as vendas em um posto de gasolina de autoatendimento no norte do estado de Nova York. Ele descobriu que 56% das vendas terminavam em zero centavos. Esse número representa uma margem muito maior do que um mero acaso. Lynn então sugeriu que isso refletia a preferência dos motoristas por preços redondos.

Mas a preferência por números redondos nos postos de gasolina está longe de provar que os preços atraentes degradam o valor de qualidade nos supermercados. Tal incerteza nos dizia que aquele era o momento perfeito para um teste. Infelizmente, a marca não estava preparada para fornecer os insumos necessários para um grande projeto, então Alex Boyd e eu elaboramos um estudo simples e de baixo custo.

Em uma rua movimentada de Londres, pedimos aos compradores que experimentassem um pedaço de chocolate. Existia uma história de fundo atrelada à comida — contamos a eles que era uma marca de chocolate chamada Bolívar, que seria lançada em breve no Reino Unido e também falamos quanto custaria. Dissemos a algumas pessoas que uma barra pequena custaria 79 centavos e a outras que custaria 80 centavos.

---

[3] Se a temática dos preços atraentes lhe interessou, no meu outro livro *The Choice Factory,* eu discuto algumas evidências a respeito. Entre elas, um estudo de 2003 realizado por Eric Anderson, da Universidade de Chicago e Duncan Simester, da MIT, em parceria com um varejista de vendas por encomenda. Juntos testaram o impacto de diferentes tipos de precificação na venda de vestidos. Quando o preço era US$34, 16 vestidos foram vendidos, por US$39 eles venderam 21 enquanto que por US$44 a venda caiu para 17. Como foi uma amostra pequena, eles repetiram o experimento — encontrando o mesmo resultado todas as vezes. Os psicólogos argumentaram que, tendo em vista essa repetição constante, os preços atraentes estavam interligados a uma oportunidade de desconto. Basta avistar o valor de 99 centavos para que pensemos que se trata de uma barganha, independente do valor subjacente.

A parte da história sobre o nome do chocolate ser Bolívar foi uma licença poética inofensiva, já que na verdade as amostras vinham de pedaços da marca Dairy Milk. Mas inventamos isso para que os possíveis preconceitos que as pessoas pudessem ter sobre a marca não influenciassem qualquer impressão relacionada ao preço do produto.

Depois que os compradores provaram o chocolate, pedimos que avaliassem o sabor em uma escala de 1 a 10. Aqueles que achavam que a barra custava 80 centavos avaliaram-na como 7,1, enquanto aqueles que pensaram que custava 79 centavos avaliaram-na com uma nota um pouco mais alta, 7,6 — uma diferença estatisticamente insignificante.

Por menos de vinte libras e algumas tardes de trabalho dedicadas, testamos a hipótese e mostramos que os preços atraentes, pelo menos no mundo das barras de chocolate, não degradam a percepção de qualidade.

Então, agora você tem duas técnicas à sua disposição. Os experimentos de campo possuem um maior grau de realismo, então eu os priorizaria em relação aos testes monádicos. Mas pode haver momentos em que você precise de uma resposta rápida; nesse caso, a simplicidade de um teste monádico é o cenário ideal.

4. *Siga um passo a passo em seis etapas*

Agora que você já conhece algumas técnicas úteis, vamos examinar o passo a passo que você deve seguir quando quiser realizar um experimento. Existem seis etapas principais:

Etapa 1 – *Identifique o problema específico que está tentando resolver.* Esta deve ser uma questão tangível. Não defina o desafio de forma simplista como “ter mais vendas” ou “aumentar o lucro”. Isso é muito vago. Em vez disso, divida esse objetivo mais amplo em problemas menores e específicos que precisa superar. No exemplo do supermercado que mencionei, isso era determinar se os preços atraentes prejudicavam as percepções de qualidade.

Etapa 2 – *Procure se informar sobre as pesquisas existentes relacionadas ao assunto.* Existem milhares de estudos acadêmicos sobre formas de mudar diferentes tipos de comportamento. Dê uma olhada neles para ver se o desafio que está enfrentando já foi estudado.

No exemplo do supermercado, o estudo de Lynn justificou a ideia de que os preços atraentes poderiam ser prejudiciais às percepções de qualidade.

Etapa 3 – *Decida se a pesquisa existente é satisfatória. Uma vez que você já tenha passado pela fase de revisar a literatura a respeito, então decida se a questão poderá ser respondida adequadamente por tal pesquisa.*

Geralmente não é assim que acontece. Às vezes, a amostra do estudo acadêmico não é representativa, às vezes o experimento foi conduzido em um mercado ou categoria diferente do seu ou às vezes há problemas com o projeto experimental.

No nosso exemplo de experiência de campo, tivemos o problema de que o estudo existente analisou a preferência e não qualquer impacto nas percepções de qualidade. Por causa disso, precisávamos passar para a próxima etapa.

Etapa 4 – *Projete o seu próprio experimento de campo ou teste monádico.* Para isso, lembre-se de se assegurar que:

1. Você não complicou as coisas. Limite-se a testar um elemento de cada vez. Alguns de meus primeiros experimentos perderam consistência quando tentei testar várias métricas ao mesmo tempo.
2. A amostra é representativa — ou seja, os participantes refletem o público-alvo que lhe interessa.
3. Os participantes não sabem os objetivos do experimento — se não for assim, o comportamento deles poderá ser afetado.
4. Nos dois cenários você manteve as mesmas variantes — exceto uma.
5. A amostra é ampla o suficiente para que as descobertas tenham relevância estatística.

Seguindo essas recomendações simples, não há motivos para que o experimento seja custoso. De fato, é muito melhor quando ele se mantém acessível. Se seguir uma abordagem rápida e econômica para obter os insights, será possível realizar testes todas as semanas. Isso é muito melhor do que realizar uma pesquisa muito cara apenas uma vez por ano.

Pense nesta etapa como um teste de hipótese — você não precisa que tudo seja perfeito. Apenas necessita aprimorar o trabalho existente.

Etapa 5 – *Implemente um teste no mundo real.* Quando já tiver executado seu experimento rápido e econômico, execute um experimento maior no mundo real. Portanto, no caso do teste monádico que discutimos, o próximo passo seria executar um teste A/B em seu site. A maioria dos visitantes veria o preço na unidade de tempo que você normalmente exibe— esse é o grupo de controle — enquanto uma proporção veria o preço semanal ou diário. Você então monitoraria a taxa de vendas nas diferentes condições.

Etapa 6 – *De acordo com as descobertas, altere a sua comunicação!* Um ponto óbvio, mas importante. Realizar esses experimentos e encontrar um resultado relevante não irá valer nada, a menos que você mude seu comportamento posteriormente.

Se toda essa discussão sobre experimentos fez você pensar sobre qual estudo irá realizar, então que tal conduzi-lo sobre o princípio do enquadramento? Se ainda não está familiarizado com esse viés, este é o seu momento de sorte. Basta passar para a próxima página e lhe contarei tudo o que precisa saber...

REFERÊNCIAS

The Behavioural Science Annual 2018–2019 por Ogilvy Change [2019] retirado do link: www.ogilvyconsulting.com/wp-content/uploads/2019/07/Ogilvy-TheAnnual.pdf.

'The influence of in-store music on wine selections' por Adrian North, David Hargreaves e Jennifer McKendrick [*Journal of Applied Psychology*, v. 84, n. 2, 1999].

'Do consumers prefer round prices? Evidence from pay-what-you- want decisions and self-pumped gasoline purchases' por Michael Lynn, Sean Masaki Flynn e Chelsea Helion [*Journal of Economic Psychology*, v. 36, p. 96–102, 2013].

10

ENQUADRAMENTO

DAQUI A ALGUMAS semanas será o aniversário da sua amiga Hope, assim, quando você sai do trabalho, aproveita para caminhar até a rua principal e procurar um presente para ela. Então avista um broche vitoriano em uma joalheria do bairro que sabe que ela irá amar.

Quando vira a etiqueta para descobrir o preço, você já segura a respiração preparando-se para um choque desconfortável.

Mas a surpresa é agradável. O preço é menor do que o esperado. Radiante, você vai até o caixa.

Enquanto está na fila, você vê uma pequena placa escrita à mão presa na caixa registradora. Em um rabisco está escrito: "Sobretaxa de 2,5% para cartões de crédito".

Você não tem dinheiro suficiente para pagar pelo presente e terá que desembolsar dinheiro extra pelo privilégio de pagar com cartão. Sobe o sangue pelas suas bochechas.

UMA FORMA DE evitar a sua irritação seria se o lojista aumentasse os preços base em 2,5% e depois oferecesse um desconto à vista de mesmo valor. Enquanto um economista poderia argumentar que as situações são idênticas, um psicólogo consegue reconhecer que elas enquadram a situação de forma diferente. Como as perdas possuem um grau de importância maior do que os ganhos, os compradores não se incomodam em utilizar os seus cartões, renunciando assim a um desconto, ao passo que pagar uma sobretaxa em dinheiro é muito mais doloroso.

Isso não se trata de uma mera conjectura. Um estudo de 2000 encomendado pela UE a 150 titulares de cartões nos Países Baixos concluiu que 74% consideravam as sobretaxas de cartão de crédito ruins, mas esse número caiu para 49% quando a situação foi enquadrada como um desconto à vista.

A ideia de que uma simples mudança de linguagem pode alterar radicalmente o impacto de uma situação vai além dos métodos de pagamento. Uma demonstração clássica vem de um experimento de 1988 realizado por Irwin Levin e Gary Gaeth, na Universidade de Iowa. Eles serviram uma remessa de carne moída aos alunos, em algumas situações anunciavam que havia "75% de carne magra" e em outras que possuía "25% de gordura".

> **Uma simples mudança de linguagem pode alterar radicalmente o impacto de uma situação.**

Por mais que a carne bovina em ambos os cenários fosse idêntica —vinha do mesmo lote — e as informações sobre os níveis de gordura fossem objetivamente as mesmas, a forma com que isso foi enquadrado afetou as classificações de sabor.

Os pesquisadores descobriram que os estudantes preferiram a carne moída quando a informação que chegou até eles foi de que comiam uma carne 75% magra. Nessa situação, o índice de qualidade e de leveza do corte classificado aumentou em 19% e 31%, respectivamente, comparado aos momentos em que avisavam que a carne servida possuía 25% de gordura.

Mas por que o enquadramento é tão importante?

Daniel Kahneman, no seu livro *Rápido e devagar: duas formas de pensar*, discute os possíveis motivos que justificam o efeito do enquadramento ser tão grande. Ele explorou a ideia de que tomamos decisões com base no "known knowns" [aquilo que já conhecemos e compreendemos]. Isto é, nós levamos em conta apenas as informações que temos disponíveis diante de nós — ignorando fatores potencialmente relevantes que ainda não podemos perceber. É um conceito que ele chama de "What You See is All There Is" [o que você vê é tudo o que há] ou, em sua abreviação, WYSIATI.

Nas palavras de Kahneman:

> WYSIATI significa que nós usamos as informações que dispomos como se elas fossem as únicas que existissem. Não falamos com frequência, "Bem, existem muitas coisas que eu não sei." Nós agimos de acordo com aquilo que nós de fato sabemos que existe e esse conceito é extremamente central para explicar o funcionamento da nossa mente.

Essa é uma ideia intrigante para um profissional de marketing. Segundo o seu princípio, é possível mudar a reação emocional do consumidor ao alterar o foco de sua atenção.

Mas o que realmente importa vai além do enquadramento. Às vezes, uma única palavra é capaz de fazer toda a diferença. Uma demonstração perfeita disso aconteceu em 1974 com a pesquisa de Elizabeth Loftus e John Palmer na Universidade de Washington. Eles mostraram aos participantes um vídeo de um acidente de carro e depois pediram que estimassem a velocidade com que os carros estavam viajando.

No entanto, os participantes não viram exatamente a mesma pergunta. Eles viram diferentes versões alteradas por apenas uma palavra — o verbo. Especificamente, eles foram questionados: "Qual era a velocidade dos carros quando eles (bateram/colidiram/trombaram/atingiram/encostaram) um no outro?"

Essa única mudança teve um impacto significativo em suas estimativas de velocidade. Os participantes que receberam a pergunta com a palavra "bateram" pensaram que os carros estavam viajando 27% mais rápido do que aqueles que a pergunta continha a palavra "encostaram".

Verbo	Estimativa de velocidade feita pelos participantes (kph)
Bateram	65,6
Colidiram	64,0
Trombaram	61,3
Atingiram	54,7
Encostaram	51,1

Resultados do estudo de 1974 de Loftus e Palmer.

O verbo da pergunta funcionou como uma lente que distorceu a forma como os participantes viam a realidade.

Mas o poder da linguagem de moldar nossas percepções não se limita ao laboratório. Um exemplo maquiavélico do automobilismo remonta à década de 1920, nos EUA, quando a proliferação de carros resultou em um número crescente de mortes de pedestres. Não é de surpreender que isso tenha resultado na ira do público em relação aos fabricantes de automóveis.

Numa tentativa de afastar a culpa dos condutores, os fabricantes uniram-se e cunharam uma nova palavra — "jaywalking" — para descrever o ato de cruzar a rua fora da faixa, algo que antes dessa situação acontecia de forma totalmente natural.

Na época, 'jay' era uma palavra depreciativa: um forasteiro, um caipira pouco sofisticado que se atrapalha com as regras da cidade grande. Sendo assim, ser apreendido jaywalking era um motivo de vergonha. A palavra pegou e a responsabilidade pelas mortes passou dos motoristas para os transeuntes. A propósito, até os dias de hoje jaywalkers ainda são multados nas cidades dos EUA.

Não é apenas nos EUA da década de 1920 que o impacto de uma palavra bem escolhida pode ser mensurado. Um exemplo mais recente aconteceu em 2012 na cidade de Londres, conforme abordado no excelente *How Not to Plan* de Sarah Carter e Les Binet.

Danny Boyle, diretor de filmes como *Quem quer ser um milionário* e *Trainspotting*, foi o responsável pela criação da cerimônia de abertura das Olimpíadas. Ele organizou um ensaio geral do show que seria apresentado ao vivo para um público de 60 mil pessoas.

Embora a presença do público tenha deixado o realismo da situação mais palpável e preparado melhor os atores, também fez com que outro problema fosse criado: como impedir que spoilers fossem revelados pelo público? Boyle se absteve de pedir ao público que mantivesse em segredo os detalhes da cerimônia. Em vez disso, ele pediu que "guardassem a surpresa". É uma mudança sutil que sublinha o spoiler não como a transmissão de informações que ninguém mais possui, mas como algo que permite que a empolgação de um espetáculo seja maculada.

Pouquíssimas surpresas da noite vazaram para a mídia, o que provou que a escolha de palavras feita por Boyle foi de fato eficaz.

Portanto, a mensagem aqui é clara. Escolha suas palavras com sabedoria: elas têm o poder de mudar comportamentos.

Vamos agora entender como você pode fazer exatamente isso.

Como aplicar esse viés?

Por mais que seja importante saber que mudanças sutis na linguagem podem influenciar a forma como uma proposta é recebida, esse é um conselho bem amplo. Portanto, falaremos sobre as três maneiras específicas pelas quais é possível explorar o poder do enquadramento.

1. *Priorize as perdas e não os ganhos*

Quando o objetivo for promover o produto, talvez a aplicação mais simples dessa premissa seja priorizar as perdas no lugar de se concentrar nos ganhos. Isso tem a ver com a ideia de aversão à perda, descoberta pelos psicólogos israelenses Amos Tversky e Daniel Kahneman, que sugere que as perdas repercutem mais do que os ganhos.

Um experimento simples realizado pelo psicólogo de Harvard Elliot Aronson[1] trouxe algumas evidências que apoiam essa afirmação. Em 1988, Aronson abordou 404 proprietários de imóveis e contou-lhes sobre os benefícios de introduzirem o isolamento térmico em suas casas. Metade deles foi informada de que, se isolassem as suas casas, conseguiriam poupar 75 centavos por dia, enquanto aos outros foi dito que, se não isolassem propriamente as suas residências, perderiam a mesma quantia.

[1] Provavelmente, Aronson é mais conhecido pela descoberta do "efeito pratfall". Essa é a ideia de que as pessoas ou produtos que exibem uma imperfeição se tornam mais populares. É ela que está por trás de muitas das maiores campanhas publicitárias: VW (*Ugly is only skin deep* [Feio é apenas superficial]), Marmite (*You either love it or hate it* [Ou você ama ou odeia]), Guinness (*Good things come to those who wait* [Coisas boas acontecem para aqueles que esperam]. Você pode ler mais em meu primeiro livro, *The Choice Factory* [sem publicação no Brasil].

Em seguida, Aronson perguntou-lhes se gostariam de realizar uma inscrição em um serviço de isolamento para obter mais informações. Quando os participantes foram informados sobre quanto dinheiro poderiam ganhar isolando suas casas, 39% dos proprietários solicitaram mais informações. No entanto, daqueles a quem foi dito o quanto poderiam perder se mantivessem um isolamento inadequado, 61% quiseram se inscrever. Isso representa um aumento de 56% nas taxas de inscrição.

Caso queiram aplicar essa descoberta, os profissionais de marketing não devem encontrar dificuldades. Na maioria das campanhas o foco está em quanto o consumidor ganhará ao comprar de uma marca. A aversão à perda sugere, então, uma mudança sutil: em vez disso, concentre-se no que as pessoas perderão caso escolham outra opção.

Assim, vamos imaginar que você trabalhe em uma companhia telefônica. Essa ideia pode ser aplicada a partir de ajustes na mensagem de seus anúncios, como "troque para a nossa companhia ou você perderá trinta libras por mês", em vez de imitar o que a maioria dos profissionais de marketing faz: dizer aos clientes que eles poderiam ganhar essa quantia de dinheiro.

2. *Os benefícios de usar substantivos em vez de verbos*

Há outro ajuste simples que você pode fazer em seu texto para mudar comportamentos de maneira mais eficaz: considere abandonar a preferência pelo uso de verbos para utilizar substantivos. Em 2011, Christopher Bryan, da Universidade de Stanford, recrutou cidadãos californianos que eram elegíveis para votar nas eleições presidenciais de 2008, mas que ainda não haviam se registrado para isso.

Os participantes foram então convidados a preencher alguns formulários de pesquisa a respeito de sua intenção de votar. Cada participante completou uma de duas versões. Na primeira, uma pequena série de questões referia-se à votação a partir do uso de substantivos. Por exemplo, "Nas próximas eleições, quão importante é para você ser um eleitor?" Já na outra versão, as questões utilizavam um verbo para se referenciar à votação. Por exemplo, "Nas próximas eleições, quão importante é para você votar?"

Depois de terem completado a pesquisa, foi informado aos participantes que eles precisariam se registrar caso desejassem votar. Com isso, Bryan descobriu que aqueles que estavam no grupo do substantivo demonstraram um interesse muito maior em registrar-se para votar do que as pessoas do outro grupo.

Nas palavras do psicólogo:

> O uso de substantivos leva as pessoas a enxergarem os atributos como mais representativos das qualidades essenciais de uma pessoa.

Em outras palavras, os verbos representam o que fazemos, os substantivos refletem o que somos. E o maior poder de persuasão encontra-se justamente neste último.

Sendo assim, se quiser incentivar as pessoas a desenvolverem um tipo de identificação com comportamentos que sejam familiares para elas, use substantivos. Por exemplo, há um tempo, trabalhei com uma revista que queria incentivar as pessoas a renovarem suas assinaturas. Adaptamos a linguagem usada nas cartas de renovação de "agradecemos por você ter assinado" para "agradecemos por você ser um assinante". Um pequeno, mas poderoso ajuste.

3. *Explore as aprovações sociais para minimizar possíveis irritações com a limitação do produto*

Agora, vamos analisar como uma mudança sutil na linguagem pode reduzir a irritação do cliente quando os estoques dos produtos estiverem acabando. Em 2019, Robert Peterson, da Universidade do Texas, mostrou a 1.117 participantes uma página de produto em um site. O produto foi rotulado como "fora de estoque", "esgotado" ou "indisponível".

Embora todos os outros detalhes da página fossem apresentados de forma consistente, o rótulo utilizado foi o suficiente para afetar significativamente a reação do entrevistado. Por exemplo, o índice de reações negativas produzidas pelo termo "esgotado" foi consideravelmente menor do que os outros dois rótulos: os entrevistados se sentiram 8% menos decepcionados do que quando o produto foi enquadrado como "fora de estoque" e 15% em comparação com o enquadramento de "indisponível".

"Esgotado" pode ser mais eficaz porque enfatiza a popularidade do produto, explorando assim uma aprovação social, enquanto "indisponível" sugere que houve um problema logístico.[2]

Neste capítulo discutimos três maneiras específicas de se beneficiar de mudanças sutis na linguagem: aversão à perda, o poder dos substantivos e a aprovação social.

No entanto, lembre-se do incidente com a sobretaxa em dinheiro no início do capítulo. Isso envolveu outro elemento de enquadramento. A forma como a cobrança foi descrita fez com que parecesse injusta: por que você deveria ser cobrado a mais por pagar com cartão de crédito?

O senso de justiça é um impulsionador de comportamento surpreendentemente poderoso. No próximo capítulo discutiremos como transformar esse insight a seu favor...

REFERÊNCIAS

'How consumers are affected by the framing of attribute information before and after consuming the product' por Irwin Levin e Gary Gaeth [*Journal of Consumer Research*, v. 15, n. 3, p. 374–378, 1998].

'Reconstruction of automobile destruction: An example of the interaction between language and memory' por Elizabeth Loftus e John Palmer [*Journal of Verbal Learning & Verbal Behavior*, v. 13, n. 5, p. 585–589, 1974].

'Using social cognition and persuasion to promote energy conservation: A quasi-experiment' por Marti Hope Gonzales, Elliot Aronson e Mark A. Costanzo [*Journal of Applied Social Psychology*, v. 18, n. 12, par. 2, p. 1049–1066, 1988].

'Motivating voter turnout by invoking the self' por Christopher Bryan, Gregory Walton, Todd Rogers e Carol Dweck [*Proceedings of the National Academy of Sciences of the United States of America*, v. 108, n. 31, p. 12653–12656, 2011].

'Out-of-stock, sold out, or unavailable? Framing a product outage in online retailing' por Robert Peterson, Yeolib Kim e Jaeseok Jeong [*Marketing Letters*, v. 37, n. 3, p. 428–440, 2019].

[2] Aprovação social é a ideia de que se você fizer com que um comportamento ou um produto pareça popular, ele se tornará mais atraente. Você pode ler mais sobre esse conceito no meu livro *The Choice Factory*. [sem publicação no Brasil]

11

SENSO DE JUSTIÇA

QUANDO VOCÊ VOLTA da sua ida à joalheria, verifica que há um e-mail pendente do seu chefe. Você o abre com entusiasmo, pois havia um tempo em que esperava novidades sobre um possível bônus.

As notícias são boas. Você foi recompensado com mil libras por todos os seus esforços este ano. Sua respiração acelera; esse é um valor bem maior do que as suas expectativas.

Quando se vira para falar com o seu colega Tom, você acaba deixando escapar as boas notícias. Ele o parabeniza calorosamente antes de acrescentar que mal vê a hora de gastar o bônus dele de 1.100 libras em uma viagem longa.

É difícil manter o sorriso. Por que a bonificação de Tom foi maior; o trabalho de vocês dois não é o mesmo? Seus pensamentos se voltam para uma reunião recente com um consultor de recrutamento, talvez, no fim das contas, aquela outra agência não fosse um lugar tão ruim...

OLHANDO POR UMA perspectiva puramente lógica, sua reação pode parecer estranha.

Por que valorizamos tanto quanto os outros recebem? O valor do seu bônus, certamente, não deveria lhe importar mais? Afinal, independente do quanto o seu colega tenha recebido, com mil libras você poderá comprar a mesma quantidade de mercadorias.

Talvez as pessoas *devessem* se comportar dessa forma, mas não é assim que as coisas *acontecessem*. E é justamente esse último ponto que nos interessa.

Quando se trata do comportamento na vida real, repetidas vezes vemos que as pessoas são motivadas a agir quando percebem que os limites da justiça estão sendo transgredidos.

As primeiras experiências sobre esse tema remontam a 1982 e ao trabalho de Werner Güth, Rolf Schmittberger e Bernd Schwarze da Universidade de Colônia. O trio elaborou um teste chamado jogo do ultimato. Para isso, recrutaram algumas duplas, com um participante assumindo o papel de proponente e o outro de receptor.

O proponente recebeu uma quantia em dinheiro — no experimento original, algo entre quatro e dez marcos alemães (cerca de quatro a dez libras no valor atual) — e a instrução dada era que dividisse o dinheiro com o receptor conforme considerasse adequado. O receptor — que foi mantido separado do proponente — teve apenas duas opções. Eles poderiam aceitar a oferta sem negociação ou rejeitá-la, neste caso, ambas as partes não receberiam nada.

Antes da experiência ser realizada, a opinião da maioria dos economistas era de que os receptores aceitariam uma divisão desigual, digamos, algo como dois dos dez marcos. Até porque, caso concordassem, eles ainda sairiam na vantagem.

Mas não foi isso que aconteceu.

Quando os proponentes ofereceram divisões extremamente injustas —por exemplo, ficar com 80% do dinheiro para si — a maioria dos receptores rejeitou o acordo. As pessoas estavam dispostas a punir o transgressor, mesmo que isso fosse prejudicá-las.

> **As pessoas estão dispostas a punir alguém que transgrida o conceito de justiça, mesmo que isso venha a também prejudicá-las.**

Provavelmente, você percebeu que os valores em questão eram bem pequenos e talvez isso indique que tal evidência só se sustente nos casos em que a quantia de dinheiro é irrelevante. Contudo, em 1999, Lisa Cameron, da Universidade de Melbourne, refez o jogo do ultimato na Indonésia e tornou a aposta muito mais séria. O valor que deveria ser dividido subiu para US$100. Mesmo quando os montantes representavam um total equivalente a três vezes as despesas mensais dos participantes, os receptores ainda rejeitavam àquelas divisões extremamente injustas.

À primeira vista, isso pode parecer intrigante, mas esse comportamento tem um benefício evolutivo. Nós, seres humanos só somos poderosos quando nos reunimos em grupos. E, se um grupo pretende operar de forma eficiente, o problema do aproveitador precisa ser solucionado. Fazer o que for preciso — mesmo que isso nos prejudique — para punir aqueles que transgridem as normas de justiça é um dos caminhos.

Um pedigree antigo

A relevância do senso de justiça ultrapassa até mesmo os nossos ancestrais humanos. Ele pode ser apreendido, por exemplo, nos primatas.

Em 2003, Frans de Waal e Susan Brosnan, da Emory University, treinaram macacos-prego para lhes dar um pedregulho em troca de um pedaço de pepino.

Então, os pesquisadores colocaram um segundo macaco em uma gaiola de Perspex adjacente, que, com sua configuração transparente, permitia que os animais monitorassem uns aos outros. No início, o experimento continuou da mesma maneira — os macacos entregaram uma pedra e receberam a recompensa.

Até os psicólogos mexerem na equação. Um dos macacos foi recompensado com pepino e o outro com uvas. Isso introduziu um elemento de injustiça, já que os macacos possuem uma forte preferência por uvas. Nas palavras de Waal, "as preferências alimentares dos meus macacos-prego correspondem exatamente aos preços do supermercado".

Embora o benefício absoluto para o macaco não tenha mudado, aqueles que eram pagos com pepinos rebelaram-se. Quando viam o seu parceiro receber uma uva, cerca de metade das vezes eles rejeitavam o pepino oferecido — com frequência, arremessavam o item ofensivo para fora da gaiola, enojados.[1] Esse é um comportamento fora do padrão — na experiência original,

[1] Minha descrição deste experimento não faz justiça ao que de fato aconteceu. Você pode assistir ao TED talk de Waal, no qual ele inclui imagens de arquivo dos macacos ressentidos no link a seguir: www.youtube.com/watch?v=meiU6TxysCg.

concebida para ser justa, já que todos os macacos receberam pepinos, apenas 5% das vezes houve rejeição ao pagamento.

Um dos motivos para que esse resultado seja tão fascinante justifica-se pelo fato de já terem se passado milhões de anos desde que os macacos e os humanos partilharam um ancestral comum. Se, em ambas as espécies, há evidências da mesma reação a situações de injustiça, isso sugere que suas raízes são muito profundas e, quando tentamos incentivar algum tipo de comportamento, esse é um viés a ser explorado.

Dos pepinos ao dinheiro

Por mais que essas experiências demonstrem a intensidade dos sentimentos gerados pela injustiça, os contextos em que foram realizadas estão bem distantes do comércio. Tendo isso em mente, realizei em 2020 uma experiência para checar se essas descobertas poderiam ser relevantes aos negócios.

Diante de um grupo de entrevistados britânicos, contei-lhes sobre um supermercado que, durante os estágios iniciais da pandemia da covid-19, aumentou o preço de um pacote de nove rolos de papel higiênico de cinco para seis libras. Pode ser que muitos economistas considerem isso legítimo, já que simplesmente corresponde às leis de oferta e procura. No entanto, não foi assim que a maioria dos clientes interpretou: 83% dos entrevistados, a esmagadora maioria, consideraram o aumento de preços injusto. Os britânicos não foram os únicos. Repeti a mesma pesquisa na França e a reação negativa foi ainda mais forte, com 96% dos entrevistados considerando que tal aumento não era justo.

Essa experiência sugere que, quando estão fazendo compras, as pessoas levam em consideração às questões relativas ao senso de justiça. Contudo, estar ciente de um problema e mudar seu comportamento com base nisso são duas coisas diferentes. Quando não há dinheiro em jogo, é fácil ficar ressentido durante um experimento mental. Mas, se houvesse, os consumidores seriam tão filiados assim aos seus princípios?

Sally Blount, da Universidade de Chicago, e Max Bazerman, da Northwestern University, desenvolveram um experimento que investigava exatamente isso. Os pesquisadores ofereceram a 126 estudantes um pequeno pagamento para participarem de uma experiência sobre tomada de decisões políticas. No entanto, o estudo político não passou de um truque — o que realmente interessava aos acadêmicos era quantas pessoas concordariam em participar.

Cada aluno foi então abordado por eles a partir de uma de duas ofertas. O primeiro grupo recebeu US$7 para participar. Nesse cenário, 72% — quase três quartos — toparam.

Outros receberam US$8 para participar, mas também escutaram uma mentira inofensiva: que os participantes anteriores haviam recebido US$10. Mesmo recebendo US$1 a mais do que o primeiro grupo, uma proporção menor concordou em participar: apenas 54%. Isso representa uma redução de 25%.

Não foi apenas o pagamento absoluto que pesou na decisão dos participantes — eles também foram motivados pelo valor comparativo, preferindo recusar uma oportunidade lucrativa do que serem tratados injustamente. É com esse experimento de Blount que acessamos a maior prova de que as percepções de justiça moldam o comportamento comercial.

Vejamos como aplicar esse efeito.

Como aplicar esse viés?

1. *Usufrua da indignação pertinente*

A primeira implicação desses experimentos é usufruir da indignação pertinente gerada pela transgressão do senso de justiça. Pode ser difícil convencer alguém a mudar de marca e testar seu produto. Mas se você puder conquistar clientes em potencial logo após o fornecedor atual desse público-alvo ter se comportado de forma injusta, então há uma chance de enfraquecer os vínculos sólidos entre eles.

Vejamos o setor bancário. Se você está promovendo a troca de conta corrente, o momento propício para isso é atingir os clientes de um banco rival justamente quando eles receberem uma penalidade desproporcional. Algo como, digamos, uma cobrança de dez libras por passar um pouco do limite do cheque especial.

Ou uma ideia melhor ainda, considere reformular o comportamento da sua concorrência como injusto. Desse modo, uma nova marca de táxi pode identificar no preço dinâmico da Uber um potencial ponto fraco e, por isso, começar a enfatizar a sua própria abordagem de preço fixo.

Sem sobra de dúvidas o preço dinâmico tem cheiro de oportunidade. Em 2015, Jenny Riddell e eu entramos em contato com 367 pessoas no dia de uma greve do metrô e perguntamos a elas se achavam que os preços dinâmicos da Uber eram justos ou não: 83% consideraram o aumento de preços injusto. Na verdade, quando adentramos ainda mais a fundo no assunto, elas descreveram a política como "nojenta", "abusiva" e "aproveitadora".

2. *Aplique o princípio da equidade na sua precificação*

Em segundo lugar, considere aplicar os princípios de equidade aos seus preços. Comece reconhecendo que o que pode parecer, do seu ponto de vista, um aumento de preço incontestável, para o cliente pode ser considerado injusto.

Existem experimentos que sugerem táticas para minimizar esse risco. O primeiro vem de Richard Thaler, Daniel Kahneman e Jack Knetsch. Em 1986, o trio compartilhou com os participantes do estudo uma série de situações em que os varejistas aumentaram os seus preços. Por exemplo, uma loja de ferragens aumentou os preços de suas pás de US$15 para US$20 no dia seguinte a uma tempestade de neve. Isso foi classificado como injusto por 82% dos participantes. Para eles, o aumento dos preços foi interpretado como exploração já que aquele era um momento de necessidade dos clientes.

A partir dessas constatações, os acadêmicos exploraram como poderiam comunicar esse tipo de aumento na precificação de uma forma que atenuasse a raiva. Os participantes receberam outra configuração para analisarem:

> Suponha que, devido a um equívoco nas linhas de transporte, haja uma escassez local de alface e o preço no atacado tenha aumentado. Um dono de mercearia local comprou a mesma quantidade de alface que costumava comprar, no entanto, a um preço unitário 30 centavos maior do que o normal. Assim, cada maço chegou para os clientes 30 centavos mais caro.

Nessa circunstância, apenas 21% dos participantes consideraram o aumento de preços inaceitável. Portanto, a implicação é nítida: se for aumentar o preço, forneça uma justificativa. Houve aumentos em termos de salários, impostos ou matérias-primas? Se sim, informe os clientes. Muitas marcas deixam de mencionar essas variantes de preço. Em vez disso, seja transparente sobre a situação e os clientes estarão mais propensos a aceitar o aumento.

3. *Usufrua do poder da justificativa*

É comum que as marcas se esquivem de explicar a razão por trás dos aumentos de preços, uma vez que temem que a justificativa não seja tão expressiva assim para se sustentar. No entanto, segundo a sugestão de um estudo realizado pela psicóloga Ellen Langer, de Harvard, isso configura um erro.

Em 1978, Langer fez um teste em uma xerox universitária movimentada. Ela tentou usar dois tipos diferentes de solicitação para furar as filas das máquinas. O primeiro pedido foi: "Com licença, tenho cinco páginas. Posso usar a máquina Xerox?" Nessa configuração, 60% das pessoas atenderam.

Mais tarde, ela abordou outras pessoas com um apelo levemente alterado: "Com licença, tenho cinco páginas. Posso usar a máquina Xerox? Preciso fazer cópias." Observe que ela não está dando um motivo relevante para precisar passar a frente dos outros. É óbvio que sua intenção é fazer cópias, qual seria o outro motivo pelo qual ela usaria a máquina?

Na segunda configuração, contudo, a concordância aumentou para 93%. Langer argumentou que mesmo premissas inúteis, ou, nas suas palavras, que funcionavam como "placebo", aumentam a concordância se o termo "porque" for usado. Isso se deve ao fato de que, normalmente, quando a palavra "porque" é utilizada, uma justificativa sensata está associada a ela. Foi através da associação, portanto, que a própria palavra desprovida de qualquer fundamentação significativa impulsionou a concordância ao pedido.

É simples aplicar a lição desse estudo: sempre forneça um "porque" em suas comunicações.

4. *Uma interpretação mais indireta*

Essa tática possui ainda outro ângulo que pode ser aplicado à justificação de preços. Novamente, é Thaler quem a identifica. Em um estudo de 1985, ele deu a cada participante um de dois cenários. O primeiro foi o seguinte:

> É um dia quente e você está deitado na praia. Tudo que tem para beber é água gelada. Mas durante a última hora, você ficou pensando no quanto gostaria de uma boa garrafa gelada de sua cerveja favorita. Uma das pessoas que está com você se levanta para fazer um telefonema e se oferece para buscar uma cerveja em um pequeno depósito decadente, o único lugar próximo que poderia vendê-la. Ele pontua que é possível que a cerveja seja cara e pergunta quanto você está disposto a pagar, afirmando que irá comprá-la apenas se custar o mesmo valor ou uma quantia menor daquela que você indicou. Caso custe mais, ele não comprará. Você confia no seu amigo e sabe que não será possível pechinchar com o dono da loja. Qual preço você sugere?

Nessa situação, o preço máximo médio foi de US$1,50. Mantenha esse valor em mente.

O outro grupo de participantes recebeu um roteiro semelhante com apenas uma alteração. Desta vez, disseram-lhes que o bar mais próximo ficava em um resort luxuoso. Mais uma vez, foi solicitado que eles indicassem o valor máximo que estavam dispostos a pagar. Desta vez a média foi de US$2,65.

Lembre-se, os dois grupos estão comprando exatamente a mesma mercadoria — uma cerveja na praia — e declarando o máximo que estão dispostos a pagar. Apesar disso, no segundo cenário, o valor aumentou em 77%.

Por quê?

Levando em consideração as experiências que listamos, eu diria que esse resultado se justifica parcialmente pelo senso de justiça. Se as pessoas conseguirem notar que a sua marca tem custos mais elevados, elas estarão dispostas a pagar mais pelo produto. Esse experimento nos sugere que os custos não precisam ser explicitamente declarados, como acontece na situação da alface de Thaler, Kahneman e Knetsch, mas que há formas mais indiretas de eles serem transmitidos.

5. *Certifique-se de que o comportamento de seus clientes será justo*

Que tal um desafio um pouco diferente? E se sua marca precisar garantir que seus clientes se comportem de maneira justa? Uma tática que você pode usufruir é o efeito Hawthorne.

Melissa Bateson, da Universidade de Newcastle, é uma das acadêmicas mais associadas a essa ideia. Em 2011, ela colocou uma série de cartazes na cantina da universidade, cuja limpeza deveria ser feita pelos próprios estudantes.

Em algumas ocasiões, o pôster continha um par de olhos com a mensagem "Por favor, após terminar a sua refeição, coloque as bandejas nas prateleiras disponíveis. Obrigado" ou "Por favor, consuma apenas alimentos e bebidas adquiridos neste local. Obrigado". Outras vezes, os olhos dos cartazes foram substituídos por uma imagem de flores.

Depois, os pesquisadores monitoraram a proporção que não atendeu a nenhuma dessas solicitações.

Bateson descobriu que diante dos cartazes com olhos estampados, a probabilidade de as pessoas jogarem lixo caiu cerca de 50%, em comparação com os cartazes floridos. Não se tratava de ter ou não uma mensagem contra o descarte inapropriado de lixo, o efeito acontecia independente disso. O que fazia a diferença era a presença dos olhos.

Essa descoberta pode parecer surpreendente, mas uma metanálise de quinze estudos liderados por Keith Dear, da Universidade de Oxford, trouxe a sua confirmação. Esses estudos analisaram uma série de comportamentos antissociais, como descartar inapropriadamente o lixo, roubar bicicletas e andar com o carro em ponto morto. Dear se deparou com um padrão consistente em todas essas situações: quando as pessoas viam imagens de olhos expostas nos locais, o comportamento antissocial foi reduzido em até 35%.

Tudo dá a crer que a presença dos olhos nos lembra da possibilidade de estarmos sendo observados, e isso encoraja um comportamento mais adequado aos moldes sociais. Assim, a probabilidade de nos comportarmos de maneira injusta é reduzida.

Muitos elementos relativos ao senso de justiça foram abordados neste capítulo. Mas ainda existe uma área relacionada ao assunto que não foi contemplada: como as pessoas se sentem lesadas ao perceberem que a sua liberdade de escolha está em risco. Isso lhes parece injusto. E esse é justamente o assunto do próximo capítulo...

REFERÊNCIAS

'An experimental analysis of ultimatum bargaining' by Werner Guth, Rolf Schmittberger e Bernd Schwarze [*Journal of Economic Behaviour & Organisation*, v. 3, n. 4, p. 367–388, 1982].

'Raising the stakes in the ultimatum game: Experimental evidence from Indonesia' por Lisa Cameron [*Economic Enquiry*, v. 37, n. 1, p. 47–59, 1999].

'Monkeys reject unequal pay' por Frans de Waal e Susan Brosnan [*Nature*, v. 425, n. 6955, p. 297–299, 2003].

'The inconsistent evaluation of absolute versus comparative payoffs in labor supply and bargaining' por Sally Blount e Max Bazerman [*Journal of Economic Behaviour & Organisation*, v. 30, n. 2, p. 227–240, 1996].

'Fairness as a Constraint on Profit Seeking: Entitlements in the Market' by Daniel Kahneman, Jack L. Knetsch e Richard Thaler [*The American Economic Review*, v. 76, n. 4, p. 728–741, 1986].

'The mindlessness of ostensibly thoughtful action: The role of "placebic" information in interpersonal interaction' por Ellen Langer, Arthur Blank e Benzion Chanowitz [*Journal of Personality and Social Psychology*, v. 36, n. 6, p. 635–642, 1978].

'Mental Accounting and Consumer Choice' por Richard Thaler [*Marketing Science*, v. 4, n. 3, p. 199–214, 1985].

'Effects of eye images on everyday cooperative behaviour: A field experiment' por Max Earnest Jones, Melissa Bateson e Daniel Nettle [*Evolution and Human Behaviour*, v. 32, n. 3, p. 172–178, 2011].

'Do "watching eyes" influence antisocial behaviour? A systematic review & meta-analysis' por Keith Dear, Kevin Dutton e Elaine Fox [*Evolution and Human Behaviour*, v. 40, n. 3, p. 269–280, 2019].

12

LIBERDADE DE ESCOLHA

ENQUANTO VOCÊ PROCRASTINA diante dos seus afazeres de trabalho, sua (seu) parceira (o) lhe telefona, interrompendo a divagação. Ela (ele) acaba de chegar do trabalho e encontrou a casa em um estado deplorável.

Nas palavras dela (dele), parece que um furacão passou pelo quarto da filha de vocês. Tem roupa jogada por todos os cantos.

Um gemido de frustração escapa da sua boca. Ontem à noite mesmo você fez todo um discurso que durou mais de dez minutos sobre a necessidade — necessidade não, a obrigação — dela manter o quarto arrumado. Por que ela o ignorou?

SUA TENTATIVA DE influenciar a sua filha saiu pela culatra. Ao ordenar de maneira autoritária que ela lhe obedecesse, você inadvertidamente desencadeou um viés psicológico conhecido como reatância.

O psicólogo de Yale Jack Brehm foi o primeiro a relatar essa descoberta, em 1966. Ele argumentou que quando as pessoas sentem que a sua autonomia está ameaçada, muitas vezes, reagem reafirmando a sua liberdade. Isso significa que exigências excessivamente enérgicas geralmente acabam sendo contraproducentes.

Por mais que esse assunto possa ter lhe despertado um interesse em uma perspectiva pessoal, é importante pontuar que o seu impacto não alcança apenas as crianças. Consideremos o trabalho de 1976 realizado por James Pennebaker e Deborah Yates Sanders, da Universidade do Texas.

No experimento, eles colaram cartazes nos banheiros masculinos pedindo aos usuários que não grafitassem o local. Em algumas situações, as mensagens diziam educadamente: "Por favor, não escreva nas paredes". Já em outras, as palavras eram rígidas: "NÃO escreva nas paredes!". Então, a cada duas horas, os pesquisadores substituíam os cartazes. Ao final de cada etapa eles contavam quantas intervenções havia na placa em questão.

Com isso, eles descobriram que o estilo autoritário provocava uma reatância bem mais significativa: em comparação com as situações em que a mensagem educada era utilizada, as intervenções praticamente dobravam.

A pesquisa de Pennebaker sugere que, se a sua intenção é mudar o comportamento dos outros, então você precisa moderar sua linguagem. Geralmente, seduzir funciona melhor do que coagir.

> **Se a sua intenção é mudar o comportamento dos outros, então você precisa moderar sua linguagem. Geralmente, seduzir funciona melhor do que coagir.**

Vamos analisar como converter o desejo das pessoas por liberdade ao seu favor.

Como aplicar esse viés?

Reconhecer a conveniência de usar a sedução em algumas situações pode ser útil. No entanto, o que realmente precisamos saber é em quais momentos uma maior cautela com a reatância se faz necessária. Dentre eles, três foram identificados pelos psicólogos como relevantes para os profissionais de marketing.

1. *Tenha cuidado para não ativar a reatância quando houver um desequilíbrio de poder em relação ao público-alvo*

A primeira das situações identificadas diz respeito à autoridade do comunicador. O estudo do banheiro de Pennebaker testou isso. Em algumas ocasiões, ele atribuía a ordem de proibição de grafites ao chefe de polícia, uma figura de alta autoridade; em outras, era direcionada ao zelador da universidade, uma figura de baixa autoridade.

As reações dos transeuntes foram profundamente influenciadas pela mudança de status do comunicador. Quando a ordem veio do chefe de polícia e não do zelador, houve o dobro de intervenções nas placas.

Sendo assim, se houver um desequilíbrio de poder entre a sua marca e o destinatário das comunicações, a recomendação é que você tenha ainda mais cautela para não ativar uma reatância. Digamos, por exemplo, que a mensagem venha do HMRC [serviço de coleta de impostos e pagamentos do Reino Unido] exigindo a pronta devolução de um formulário de benefícios. Nesse cenário, contraintuitivamente, talvez seja melhor suavizar a linguagem ou considerar terceirizar a entrega da mensagem.

2. *Evite mensagens excessivamente assertivas quando a comunicação for com clientes fidelizados*

A segunda nuance diz respeito à relação consumidor-marca. Em 2017, Gavan Fitzsimons, da Duke University, pediu a 162 participantes que nomeassem uma marca de roupas que viesse à sua mente. Às vezes, ele pedia às pessoas que escolhessem uma marca que já usavam há muito tempo e pela qual sentiam certo grau de lealdade. Em outras, os participantes eram solicitados a lembrar de uma marca que tivessem usado em raras ocasiões e que houvesse uma fidelidade mínima. Ele definiu que os relacionamentos com a marca em questão eram, no primeiro grupo, compromissados, e no segundo, descompromissados.

Na sequência, os participantes viam um de dois anúncios com o nome das marcas incorporado. Alguns viram o que Fitzsimons chamou de anúncio não assertivo, cuja mensagem era: "Coleção Inverno 2012". Outros viram um anúncio assertivo de mesmo conteúdo, exceto por uma demanda adicional: "Compre agora!".

Por fim, pediu aos participantes que indicassem se tinham gostado ou não do anúncio. Fitzsimons descobriu que os compradores compromissados gostaram 20% menos do anúncio assertivo do que do anúncio não assertivo.

Por outro lado, não houve diferenças significativas na preferência entre os consumidores descompromissados.

O psicólogo argumentou que "isso ocorre porque relacionamentos comprometidos com marcas têm normas de concordância mais fortes do que com marcas que não nos comprometemos". Em outras palavras, quanto mais profundo for um relacionamento, mais uma mensagem assertiva parece interferir em nossa liberdade. Quando a pressão para obedecer é mais intensa, aumenta-se também a probabilidade de haver uma reatância.

Portanto, pode até ser que uma venda agressiva funcione entre novos clientes, mas entre compradores mais entusiastas dificilmente funcionará. Assim, adapte as comunicações de acordo com o público em questão.

3. *Leve a cultura em conta*

E por último, há a nuance cultural. Em 2009, Eva Jonas, da Universidade de Salzburgo, investigou o impacto das diferenças interculturais na reatância. Ela descobriu que, em culturas mais individualistas, quando as pessoas sentiam que a sua liberdade pessoal estava ameaçada, o nível de reatância era 22% maior do que em uma sociedade mais coletivista. Isso significa que se a sua campanha for realizada nos Estados Unidos ou no Reino Unido, você deverá ter mais cuidado com a reatância do que se o público-alvo estiver localizado na China ou na Coreia do Sul.[1]

Sinta-se à vontade para ignorar a próxima seção deste capítulo

Até então, discutimos *quando* se preocupar com a reatância, mas agora, o nosso próximo tópico é *como* minimizar os seus riscos. Abordarei três sugestões a seguir.

---

[1] Geert Hofstede, da Maastricht University na Holanda, situou diversos países dentro de uma escala contínua que começa nos mais coletivistas em direção aos mais individualistas. Você pode conhecer a orientação cultural do país que desejar aqui: www.hofstede-insights.com/product/compare-countries. [conteúdo em inglês]

4. *Usufrua do princípio 'mas fique à vontade'*

Comecemos com um estudo de 2000 conduzido por Nicolas Guéguen, da South-Brittany University e Alexandre Pascual, da Universidade de Bordeaux.

Na ocasião, Guéguen abordou oitenta estranhos e pediu-lhes dinheiro para que pudesse pegar um ônibus. O pedido foi feito de duas maneiras. Algumas vezes ele dizia "com licença, você teria algumas moedas para completar a minha passagem de ônibus, por favor?"; em outras, modificou o pedido e disse "com licença, você teria algumas moedas para completar a minha passagem de ônibus, por favor? *Mas fique à vontade para aceitar ou não.*"

Quando ele perguntou diretamente aos participantes se lhe dariam dinheiro, a taxa de concordância foi de 10%. No entanto, quando o pesquisador destacou o direito do participante de recusar, a taxa de adesão saltou para 48%.

Reflita por um instante sobre a escala dessa mudança: as taxas de doação aumentaram quase cinco vezes. Muitos estudos da ciência comportamental alcançam um aumento de 10% ou 15%. Levando isso em consideração, essa é uma intervenção altamente eficaz.

Além disso, não foi apenas a proporção relativa à quantidade de pessoas doadoras que aumentou, o efeito estendeu-se para além disso: o nível de doações também foi impulsionado. Aqueles que ouviram "mas sinta-se à vontade" doaram em média US$1,04. Na condição de controle, no entanto, o valor médio foi de 48 centavos de dólar. Ou seja, um aumento maior que o dobro. Ao simplesmente enfatizar o fato de que as pessoas tinham o direito de recusar a proposta (algo que, de qualquer forma, já existia), Guéguen conseguiu empreender um salto radical no nível de concordância.

Esse não é um experimento isolado. Em 2013, Christopher Carpenter, da Western Illinois University, conduziu uma metanálise de 42 estudos relacionados a essa tática e descobriu que em tipos diferentes de configuração, quando ela era implementada, subia a taxa de adesão. Portanto, independentemente se o seu intuito for arrecadar doações para instituições de caridade ou transações comerciais, é importante considerar a aplicação desse princípio. Assim, quando fizer alguma demanda capaz de provocar reatância, acrescente a frase curinga em seguida: "mas fique à vontade para aceitar ou recusar". Ao relembrar as pessoas que elas têm a liberdade de dizer não, a reatância pode ser evitada.

5. *Inclua as pessoas na tomada de decisão*

Uma abordagem alternativa é oferecer às pessoas um certo grau de controle. Potencialmente, esse controle não precisa ser significativo. Nesse caso, até mesmo um elemento de contribuição superficial pode ajudar.

As evidências disso aparecem em um estudo de 2014 realizado por Cait Lamberton, da Universidade de Pittsburgh, Jan-Emmanuel De Neve, da UCL, e Michael Norton, da Universidade de Harvard. Eles mostraram 12 imagens a 182 estudantes e pediram que avaliassem o quanto gostavam delas em uma escala de nove pontos.

Os psicólogos disseram aos participantes que eles receberiam US$10 pelo seu tempo, mas que teriam que devolver US$3 de seu pagamento como uma contribuição ao laboratório. Eles foram instruídos a colocar a taxa em um envelope e, assim que terminassem a tarefa, deveriam entregá-lo ao pesquisador responsável.

A coleta da cobrança foi projetada para acontecer desse jeito truncado, pois assim permitiria que os participantes trapaceassem com mais facilidade, permanecendo com parte do dinheiro para si. Muitos o fizeram! Na verdade, 45% deixaram o envelope vazio e 3% deixaram apenas uma quantia parcial.

No entanto, os psicólogos repetiram a experiência com uma pequena mudança. Eles disseram para um segundo grupo de participantes que poderiam aconselhar o gerente do laboratório sobre como gostariam que a contribuição fosse utilizada. Por exemplo, uma sugestão possível era que o valor fosse usado para comprar bebidas e lanches para os participantes que viessem depois deles. Por mais que as sugestões do grupo fossem de uma ordem meramente consultiva, ela alterou de forma considerável o índice de concordância: 68% deixaram o valor total no envelope. Comparado com o grupo de controle, houve aqui um aumento de 30%.

Portanto, dar voz às pessoas faz com que a disposição de atender a alguma demanda aumente.

6. *Remova a possibilidade de mudança*

É focada em você, profissional de marketing, que a nossa última tática para evitar a reatância é dedicada. Se precisar impor uma mudança de comportamento, garanta que a sua abordagem seja sólida.

O trabalho de Kristin Laurin e Aaron Kay, da Universidade de Waterloo, e Gavan Fitzsimons, da Duke University, oferecem os insumos para discutirmos esse ponto.

Em 2012, eles disseram aos participantes de um estudo que, segundo especialistas, a segurança nas cidades aumentava de acordo com limites mais baixos de velocidade. Porém, os participantes foram divididos em três grupos pelos psicólogos e cada um deles ouviu uma história ligeiramente diferente.

O primeiro grupo, o grupo de controle, não recebeu nenhuma informação adicional. Ao segundo grupo foi dito que o governo havia decidido, de maneira irrevogável, reduzir os limites de velocidade. Por fim, o terceiro grupo ouviu que, antes de a legislação entrar em vigor, haveria uma votação na qual a maioria dos representantes precisaria votar a favor, o que provavelmente aconteceria. Neste cenário, acima de qualquer coisa, foi ressaltada a possibilidade de a legislação ser anulada.

Então, os participantes foram questionados sobre o quanto apoiavam a legislação e o quanto ficariam incomodados se ela fosse implementada. Laurin descobriu que os participantes que receberam a informação de que a legislação estava em vigor de maneira incontestável foram muito mais positivos em relação a ela do que o grupo no qual a resolução ainda não havia sido definida. Pelo visto, o fato de já haver uma certeza permitiu que a mudança legislativa começasse a ser defendida por eles.

Neste capítulo, discutimos como as pessoas desejam se sentir no controle. No próximo, iremos trazer para discussão um ângulo ligeiramente diferente: de que forma aqueles que afirmam a sua liberdade quebrando convenções tendem a se beneficiar...

REFERÊNCIAS

'American Graffiti: Effects of Authority and Reactance Arousal' por James Pennebaker e Deborah Yates Sanders [*Personality and Social Psychology Bulletin*, v. 2, n. 3, p. 264–267, 1976].

'Just do it! Why committed consumers react negatively to assertive ads' por Yael Zemack-Rugar, Sarah Moore e Gavan Fitzsimons [*Journal of Consumer Psychology*, v. 27, n. 3, p. 287–301, 2017].

'Culture, Self and the Emergence of Reactance: Is there a "Universal" Freedom?' por Eva Jonas, Verena Graupmann, Daniela Niesta Kayser, Mark Zanna, Eva Traut-Mattausch e Dieter Frey [*Journal of Experimental Social Psychology*, v. 45, n. 5, p. 1068–1080, 2009].

'Evocation of freedom and compliance: The "but you are free of..." technique' por Nicolas Guéguen e Alexandre Pascual [*Current Research in Social Psychology*, v. 5, p. 264–270, 2000].

'A Meta-Analysis of the Effectiveness of the "But You Are Free" Compliance Gaining Techniques' por Christopher Carpenter [*Communication Studies*, v. 64, n. 1, p. 6–17, 2013].

'Eliciting Taxpayer Preferences Increases Tax Compliance' por Cait Lamberton, Jan-Emmanuel De Neve e Michael Norton [*SSRN*, 2014].

'Reactance versus rationalization: divergent responses to policies that constrain freedom' por Kristin Laurin, Aaron Kay e Gavan Fitzsimons [*Psychological Science*, v. 23, n. 2, p. 205–209, 2012].

13

O EFEITO RED SNEAKERS

A REUNIÃO DO conselho se arrastou por uma hora. Um debate irritante sobre a política da empresa em relação ao trabalho remoto ocupou a maior parte da (aparentemente interminável) reunião. O diretor-geral, Wil, defende a flexibilização, enquanto John, o COO, defende com unhas e dentes a necessidade de todos retornarem ao escritório em tempo integral.

Ambas as propostas têm os seus méritos, mas, colocando em perspectiva, você está do lado do diretor-geral.

A presidente encaminha o debate para o fim e submete a questão à votação. Ela pergunta à cada pessoa ao redor da mesa qual opção prefere. Um por um, seus colegas expressam apoio ao diretor de operações.

Logo vai chegar a sua vez. Você começa a se indagar: será que meus colegas têm razão? Quem sabe a melhor coisa para levantar a moral da empresa seja mesmo todo mundo voltar a trabalhar presencialmente todos os dias.

NÃO É SÓ você que se sente pressionado para se conformar ao grupo. Um dos experimentos mais famosos da história da psicologia, realizado ao fim da Segunda Guerra por Solomon Asch, demonstra essa tendência.

Na época em que Asch era professor no Swarthmore College, ele pediu a algumas pessoas que integrassem um suposto teste de visão. Nele, um pedaço de cartolina com uma linha desenhada foi mostrado aos participantes. Então, eles tinham que selecionar qual linha dentre três outras tinha o mesmo comprimento que a primeira.

Era uma tarefa fácil. Nas palavras de Asch, tratava-se de um "fato, puro e simplesmente". Aliás, era tão simples que, mais de 99% das vezes em que as pessoas a realizavam individualmente, as respostas eram corretas.

Na experiência principal, contudo, os participantes de Asch não completaram a tarefa sozinhos, mas em grupos de sete ou nove pessoas. O participante pensava que elas eram meros participantes como ele, mas, na realidade, elas eram cúmplices de Asch e haviam recebido instruções sobre como responder. Cada participante participou de dezoito tentativas no total e, em doze delas, os cúmplices deram a mesma resposta errada.

O que interessava a Asch era saber como os verdadeiros participantes reagiriam. Eles mudariam sua resposta para se adequar ao grupo?

Os resultados mostraram uma taxa elevada de conformidade. Pelo menos uma vez, três quartos dos participantes deram a resposta errada, conformando-se aos demais. No geral, um terço das respostas estavam incorretas.

Agora, pautando-se na tendência que muitas pessoas têm a se adequarem às convenções, vamos analisar as possíveis vantagens.

Como aplicar esse viés?

1. *Romper com convenções é um sinal de status*

Tal tendência de mimetizar o comportamento do outro é demonstrada por muitos estudos. Suas origens parecem remontar a um desejo de aceitação e de evitar a possibilidade de punições negativas.

Isso sugere que uma possível forma de as marcas se beneficiarem com essa abordagem seja realizar anúncios comunicando que são a preferência da maioria. Em muitas circunstâncias isso se aplica, e, em *The Choice Factory,* eu abordo detalhadamente essa questão.

Há algumas outras ocasiões, no entanto, nas quais o comunicador pode encontrar benefícios ao burlar as normas do grupo. Isso advém da constatação de que a violação das normas pode configurar em um risco de desaprovação social. Se for esse o caso, as pessoas que podem desviar das convenções com maior facilidade são aquelas que possuem um status elevado. Isto é, são as pessoas cuja reputação é dotada de um capital suficiente para arcar com esses custos.

Esse tópico foi explorado por Francesca Gino, da Harvard Business School. Em 2011, ela conduziu um estudo de campo na conferência da Association for Consumer Research. Como em outras conferências acadêmicas, nesta também havia uma convenção velada na qual a expectativa era de que as pessoas se vestissem adequadamente.

Gino, então, registrou qual era o nível de formalidade com que cada participante se vestia e, para medir o status do acadêmico em questão, qual era o número de artigos revisados por pares que havia publicado.

Com isso, Gino descobriu uma correlação inversa entre o volume de artigos publicados e a adequação formal das roupas dos participantes — os acadêmicos mais bem-sucedidos eram, efetivamente, aqueles com a maior probabilidade de quebrar as convenções.

Por mais que esse estudo demonstre que aqueles com estatuto elevado são mais propensos a quebrar convenções, ele não revela como os outros interpretam esse comportamento. Essa lacuna levou Silvia Bellezza, Francesca Gino e Anat Keinan a realizarem um estudo complementar. Eles pediram a 159 entrevistados que avaliassem o status e a competência de um professor com base em uma breve descrição.

Os participantes foram informados sobre um professor que ou se vestia em conformidade ("Mike normalmente está barbeado e usa gravata para trabalhar") ou não se conformava ("Mike normalmente está com barba e usa camiseta para trabalhar").

Então, eles eram solicitados a avaliar, em uma escala de sete pontos, quão respeitado e competente o professor deveria ser. Os participantes pontuaram em 5,35 o professor não convencional, já o que atendia às convenções recebeu a nota de 5,0. O que representa uma diferença relevante de 14%.

Segundo Gino:

> Já que geralmente existe um custo social implicado a não conformidade, os observadores podem deduzir que uma pessoa não convencional ocupe um lugar de poder suficiente para que tal custo não seja relevante, uma vez que o seu posto na hierarquia social está garantido.

Gino nomeou essa ideia como o Efeito Red Sneakers [tênis vermelho, em tradução livre]. Um fato inspirou esse nome: na época em que ela realizava essa pesquisa, muitos dos empresários mais cotados da área de tecnologia dispensavam os códigos de vestimenta atrelados ao mundo dos negócios. No lugar dos clássicos ternos que eram usados em reuniões importantes, esses homens preferiam usar moletom e tênis de corrida (ou tênis casuais) — vermelhos, em muitas das vezes.

2. *A aplicação na publicidade*

Mas o quão relevantes são esses estudos? Mesmo que os experimentos de Gino sejam fascinantes, as situações que ela descreve — relativas a modos de se vestir e de se barbear — nem de perto se aproximam do universo das propagandas. Será que conseguimos extrapolar tais descobertas e aplicá-las às marcas?

Focados nesse dilema, em 2020, Duncan Willett, Sumran Kaul e eu testamos o impacto do "Efeito Red Sneakers" em um contexto mais comercial. Mostramos a um grupo de participantes quatro garrafas de cerveja artesanal opacas, todas com um design chamativo. As identidades visuais de três delas eram praticamente iguais, enquanto a última possuía um estilo bem diferente. O objetivo era que os participantes avaliassem a qualidade da cerveja.

Ao mesmo tempo em que isso acontecia, apresentávamos a um outro grupo grande de participantes quatro garrafas de cerveja. Duas delas também estavam no primeiro experimento — aquela cuja aparência se destacava das demais e uma das outras três. Quanto às outras duas restantes, ambas tinham um estilo parecido ao do rótulo diferente no outro grupo.

Assim, a partir desse projeto experimental, pudemos comparar as avaliações do mesmo tipo de design de rótulo em uma configuração na qual ele se conformava aos outros, e em uma cujas convenções eram quebradas.

Como sugerido pelo Efeito Red Sneakers, o design da garrafa que rompia com as convenções obtinha uma avaliação mais alta. Nesse caso, o efeito foi menos expressivo do que o encontrado por Gino — um aumento de 5% —, no entanto, a convenção quebrada também era menor; tratava-se apenas de uma comparação com as garrafas que estavam ao redor, nada que se aproxime de uma larga escala social. Isso também pode ser um indício de que as taxas aumentam de acordo com o tamanho da convenção.

3. *Fique atento com as nuances do Efeito Red Sneakers*

Vale a pena refletirmos sobre as nuances desse viés antes que você se apresse em quebrar as convenções da sua categoria de produto. O impacto positivo atrelado ao Efeito Red Sneakers só pode ser mensurado quando atende a alguns critérios específicos.

Em primeiro lugar, é preciso que a marca em questão já tenha um status relevante. Isso foi comprovado pelo experimento com o professor barbudo. Em alguns casos, os psicólogos diziam que ele integrava o corpo docente de uma universidade de prestígio, e em outras o contrário.

Os benefícios da não conformidade puderam ser verificados apenas quando as situações mencionadas foram aquelas da universidade bem cotada. Nos casos em que não havia um prestígio associado à instituição, o professor não convencional recebeu uma avaliação 8% menor em termos de competência do que o docente que se adequava às normas, considerando que este também lecionava no mesmo lugar.

Sim, comportamentos que fogem às convenções são capazes de aumentar a percepção sobre a competência e o status — mas somente se a pessoa já for alguém que ocupa um lugar privilegiado na escala social. Portanto, este viés não mitiga um status existente, mas o acentua.

Você deve, então, questionar-se honestamente se a sua marca já ocupa o porte necessário para usufruir do Efeito Red Sneakers. Isso é mais simples na teoria do que na prática, já que existe uma tendência de as pessoas superestimarem as suas habilidades.[1] Os profissionais de marketing não são uma exceção à regra.

[1] Quando se trata de superestimar as habilidades, meu exemplo preferido é um estudo realizado por Constantine Sedikides da Southampton University. Em 2014, ele conduziu um estudo com infratores em uma prisão no sudeste da Inglaterra. Mesmo nesse grupo, comparados à maioria dos membros da comunidade, eles se consideravam mais éticos, confiáveis, honestos, controlados e gentis aos outros.

Em parceria com a agência The Marketing Practice, conduzi uma pesquisa entre 213 profissionais da área. Os resultados foram inquestionáveis: 84% dos participantes achavam que eram melhores do que os colegas de trabalho, e 45% avaliaram-se como "muito melhor".

Essa mesma confiança inflamada se estendia para a forma como viam a empresa na qual trabalhavam: 79% dos participantes achavam que sua agência era melhor do que as outras. Além disso, quando pedimos que imaginassem uma situação de pitch em que estivessem competindo com dois outros profissionais para ver quem assumiria uma nova conta, 75% deles achavam que se sairiam melhor do que o estimado pelas probabilidades.

Sendo assim, se você acha que a sua marca não possui o status para aplicar o Efeito Red Sneakers, é provável que tenha razão. Mas se você acha que ela tem, talvez seja melhor escutar uma segunda opinião!

> **Se você acha que a sua marca não possui o status para aplicar o Efeito Red Sneakers, é provável que tenha razão.**

4. *A necessidade de demonstrar uma intenção*

O segundo tópico a ser levado em consideração é que você precisa garantir que qualquer quebra de convenção seja vista como intencional.

Esse insight foi retirado de um estudo realizado por Gino, no qual ela pediu a 141 participantes que lessem uma vinheta sobre Charles, um homem que compareceu a uma festa *black tie* do seu clube de golfe.

Em alguns momentos, sua descrição dizia que ele vestia uma gravata borboleta preta (um estilo convencional), em outros, que ela era vermelha (um estilo não convencional). Além disso, aos participantes também era dito se Charles havia quebrado a convenção de maneira intencional ou se cometeu um deslize.

Então, os participantes deveriam adivinhar qual era o status de Charles como um membro do clube de golfe e o seu desempenho enquanto jogador. Comparado ao *black tie*, quando o comportamento não convencional era intencional, sua classificação de status subiu em 17%, mas quando era simplesmente tido como um erro, a taxa teve uma redução de 5%.

Assim, se você for explorar o Efeito Red Sneakers, garanta que isso seja feito com confiança. Seu público precisa saber que foi um ato intencional. O preço *premium*, por exemplo, é uma das formas de implementá-lo. Segundo os acadêmicos:

> Dentro do marketing de produtos não convencionais, o preço pode ser um importante aliado à percepção de intencionalidade. Associando-se aos preços *premium*, as marcas não convencionais sinalizam que indivíduos transgressores podem bancar símbolos convencionais de status.

5. *A necessidade de um público familiarizado*

A terceira condição atrelada ao impacto do Efeito Red Sneakers é a familiaridade do público com a transgressão da norma.

Um estudo realizado em Milão pelos mesmos psicólogos é a referência para esse insight. Eles selecionaram 109 mulheres, 52 delas trabalhavam para marcas de luxo, como Armani ou Burberry. As restantes eram membros do público em geral, que foram recrutadas em uma estação ferroviária próxima.

Depois, era solicitado às participantes que lessem uma vinheta com a descrição de uma consumidora. Algumas delas liam o perfil de uma personagem que cumpria com as convenções de vestimenta:

> Imagine que é inverno e uma mulher está entrando em uma loja de grife no centro de Milão. Ela aparenta ter mais ou menos 35 anos e usa um vestido com um casaco de pele.

Outras eram informadas sobre uma mulher não convencional, que vestia uma jaqueta com roupas de ginástica de uma forma surpreendentemente casual.

As consultoras de venda que já estavam familiarizadas com o contexto em questão, avaliaram o status da cliente não convencional com uma pontuação mais alta — 4,9, em uma escala de sete pontos, enquanto aquela que se vestia de forma convencional recebeu a nota de 3,8. Isso significa que a avaliação de status da consumidora não convencional foi 29% maior. Por outro lado, as mulheres do público em geral, que não estavam acostumadas a esse contexto, avaliaram o status da cliente que se adequava às convenções de vestimenta com uma nota maior do que aquela que fugia às regras (uma pontuação de 5,7 comparado a 3,5).

Esse estudo sugere, portanto, que o Efeito Red Sneakers é mais efetivo quando aplicado às pessoas que possuem uma familiaridade maior com a sua marca ou categoria.

Por mais que esse efeito seja um dos meus vieses favoritos, isso não quer dizer que você deva utilizá-lo em todas as suas campanhas. Ele funciona, assim como demonstrado por Gino, apenas em algumas circunstâncias — por exemplo, se você já possui certo status.

Se você implementá-lo nos contextos adequados, contudo, é provável que olhem para a sua marca e vejam nela um status elevado. Curiosamente, a tendência é que essa exaltação não se restrinja a uma percepção de status, mas que transborde para outras áreas. Efeito Halo é como essa ocorrência ficou conhecida, e é justamente esse o assunto do nosso próximo capítulo...

REFERÊNCIAS

'Effects of group pressure upon the modification and distortion of judgments' por Solomon Asch, em H. Guetzkow (Eds.), *Groups, leadership and men; research in human relations* (p. 177–190, 1951).

'The Red Sneakers Effect: Inferring Status and Competence from Signals of Nonconformity' por Silvia Bellezza, Francesca Gino e Anat Keinan [*Journal of Consumer Research*, v. 41, n. 1, p. 35–54, 2014].

Behavioural Science: What does it mean for B2B marketers by The Marketing Practice and Richard Shotton [2018] retirado do link: https://25865525.fs1.hubspotusercontent-eu1.net/hubfs/25865525/Blogs/Reports/Behavioural-Science-for-B2B-marketers-TMP-research.pdf.

'Behind bars but above the bar: Prisoners consider themselves more prosocial than non-prisoners' por Constantine Sedikides, Rosie Meek, Mark Alicke e Sarah Taylor [*British Journal of Social Psychology*, v. 53, n. 2, p. 396–403, 2013].

14

O EFEITO HALO

DUAS VEZES AO longo da semana você se pegou franzindo os olhos para enxergar as letras borradas de placas à distância. Por conta disso, você agendou um exame oftalmológico para esta tarde. Frustrantemente, não havia mais horários disponíveis na ótica que costuma frequentar, então você teve que se virar e escolher outra opção.

Quando você chega para o exame, se depara com uma pequena fila na recepção. Depois de esperar alguns minutos, o optometrista se aproxima de você e rapidamente estende a mão para cumprimentá-lo. Seu aperto de mão é úmido e sem firmeza. Vários pensamentos desagradáveis começam a atravessar a sua mente. Será que no fim das contas foi uma furada vir até aqui testar esse lugar? Será que eles serão tão minuciosos quanto deveriam ser?

MUITAS PESSOAS ALÉM de você também se apegam a uma única característica como base para definir o caráter de alguém. Em 1920, Edward Thorndike, psicólogo da Columbia University, demonstrou que fazer julgamentos desse tipo é bastante comum. Ele pediu a alguns oficiais do exército que avaliassem uma nova leva de soldados em 31 atributos, abrangendo aspectos que iam desde aparência até iniciativa, passando por lealdade até higiene.

Thorndike descobriu que, mesmo entre atributos que não se relacionavam, as avaliações estavam surpreendentemente interligadas. Por exemplo, os tenentes que pontuavam um soldado com uma nota alta em um aspecto, como a aparência, também o classificavam como acima da média em áreas diferentes, como a liderança. "Efeito Halo"[1] foi o nome dado por Thorndike para a tendência em que a avaliação de um traço positivo influencia os outros.

Evidências experimentais

As evidências vão além dessas correlações pouco confiáveis. Em 1977, Richard Nisbett da Universidade de Michigan e Timothy Wilson da Universidade de Virgínia testaram o Efeito Halo em uma circunstância mais controlada.

Eles pediram a 118 estudantes que assistissem a um vídeo de um palestrante belga que falava inglês com um forte sotaque. Os estudantes foram divididos em dois grupos. Metade deles assistiu a um vídeo em que o instrutor se comportava de maneira calorosa e amigável. O restante viu a mesma pessoa agindo com frieza e impessoalidade. Em nenhum dos cenários os seus trejeitos e sotaque foram alterados.

Os participantes então avaliaram o palestrante em termos de carisma, aparência, trejeitos e sotaque. Como era de se esperar, o instrutor caloroso foi avaliado como 72% mais carismático do que o instrutor indiferente.

Contudo, ele também foi mais bem avaliado nos aspectos de sua aparência (em média +100%), sotaque (em média +100%) e trejeitos (em média +53%). Bom, esses são dados mais interessantes — afinal, *objetivamente,* a simpatia de uma pessoa não deveria influenciar nas avaliações sobre a sua aparência e sotaque.

Mas assim como Thorndike teria previsto, não foi isso o que aconteceu.

O Efeito Halo não se restringe apenas a soldados e estudantes. Ele também aparece em ambientes comerciais. Joanna Stanley e eu contamos a história de um mercadinho fictício para 404 britânicos e pedimos aos

[1] O Efeito Halo é geralmente usado para descrever como um traço positivo influencia a avaliação que as pessoas fazem de outros traços não relacionados. Há uma percepção relacionada chamada de Efeito Chifre, que se refere à mesma situação, mas com características negativas, embora, é claro, nesse cenário, outras características não relacionadas sejam julgadas piores. O estudo inicial sobre isso remonta a 1974 e ao trabalho de Harold Sigove e David Landy.

participantes que imaginassem quão ampla era a variedade de produtos disponíveis na loja. O ponto de virada nesse experimento foi que, entre os participantes, metade ouviu sobre um erro de digitação na placa da loja — um apóstrofo fora do lugar. Enquanto a outra metade não ficou sabendo do erro gramatical.

Os resultados não deixaram dúvidas. Em comparação com quem ignorava o deslize ortográfico, o grupo que sabia ao seu respeito teve uma propensão 17% maior de presumir que encontrariam uma variedade limitada de produtos na loja.

Falando de uma perspectiva objetiva, a desenvoltura gramatical do dono da quitanda não interfere na variedade de produtos na loja. No entanto, na prática, as pessoas não reagiram dessa forma. Os entrevistados usaram um fator tangível e fácil de identificar (o erro de digitação na placa) para deduzirem fatores não relacionados, porém, mais difíceis de avaliar (a diversidade de produtos).

> **!** **Os consumidores usam fatores tangíveis que são fáceis de identificar para deduzirem fatores não relacionados, porém, mais difíceis de avaliar.**

Por que o Efeito Halo acontece?

A ocorrência tão constante do Efeito Halo não deveria ser um motivo de surpresa para nós. Afinal, ele serve a um propósito valioso: tornar a vida mais gerenciável.

Seria um processo complexo e demorado avaliar, em múltiplos critérios, cada marca que cruza o nosso caminho. É mais rápido usar sua característica preponderante como um indicador de outras mais intangíveis.

Como Daniel Kahneman afirma, "Essa é a essência das heurísticas intuitivas: quando confrontados com uma pergunta difícil, muitas vezes respondemos a uma mais fácil no lugar, geralmente sem perceber a substituição."

Como aplicar esse viés?

1. *Seus objetivos podem ser alcançados de forma tanto indireta quanto direta*

O Efeito Halo sugere que uma marca pode alcançar os seus objetivos de maneira indireta. Segundo o seu princípio, quando uma marca se destaca em uma área específica, isso influencia a percepção das pessoas sobre outros aspectos que não estão diretamente relacionados. Portanto, é possível abordar as métricas-alvo lateralmente. Por exemplo, se você está mirando no aumento da percepção de qualidade, um possível atalho para isso pode ser tornar a sua marca mais carismática.

No entanto, não é porque *pode* fazer alguma coisa, que necessariamente *deva* fazê-la. Afinal, embora o Efeito Halo revele que muitas métricas estão associadas, isso não é suficiente para comprovar que elas evoluem o tempo todo juntas. Se não houver um alinhamento perfeito, uma abordagem sutil pode ser ineficaz. Continuando com o exemplo anterior, você pode aumentar significativamente o carisma da marca, mas ter como resultado apenas um pequeno impacto na percepção de qualidade.

Assim, a pergunta que devemos fazer é: quando vale a pena usar essa tática? Quando faz sentido adotar esse tipo de abordagem indireta?

2. *Foque no Efeito Halo se a marca não é tão conhecida*

Barbara Koltuv, da Columbia University, identificou uma aplicação bastante eficaz do Efeito Halo. Ela demonstrou que o seu impacto pode ser ainda mais relevante nas situações em que uma marca é pouco conhecida.

Em 1962, ela conduziu um experimento no qual apresentou uma série de breves descrições de personagens aos participantes. Entre elas: "Um homem jovem que você conhece e gosta" ou "Um homem mais velho que você não gosta e não conhece bem".

Na sequência, eles foram solicitados a pensar em alguém que conhecessem e que se encaixasse nessa descrição. Por fim, os participantes avaliaram essa pessoa real em relação a 47 traços de personalidade, tais quais: se ela era descontraída ou hostil, leal ou invejosa.

Quando os participantes descreviam uma pessoa com a qual não estavam familiarizados, havia uma correlação mais forte entre os traços que atribuíam a ela do que quando se referiam a alguém que conheciam bem. Em outras palavras, a influência do Efeito Halo era mais poderosa.

Isso sugere que o Efeito Halo é particularmente proeminente em situações de incerteza. Se interagimos pouco com uma pessoa ou uma marca, as oportunidades que tivemos para formar inferências independentes sobre todas as características também são menores. Portanto, quando estamos lançando ou trabalhando uma marca que ainda não é tão reconhecida, o Efeito Halo é mais eficaz.

3. *Dê prioridade ao Efeito Halo se precisa transmitir atributos intangíveis*

A segunda situação em que o Efeito Halo possui grande relevância, sendo esta a mais importante, é quando se trata de impulsionar métricas intangíveis. Por exemplo, imagine que uma marca está promovendo uma pasta de dentes e fazendo alegações sobre sua capacidade de combater a placa bacteriana. Nesse caso, é difícil para o consumidor julgar se essas alegações são realmente plausíveis. Como o comprador pode ter certeza de que a marca não está exagerando os benefícios ou se está sendo realmente sincera? Essa dificuldade faz com que o consumidor seja fortemente influenciado por outras informações mais claras e tangíveis.

Existem dados que comprovam essa evidência. Em 1978, William James, da Universidade do Alabama, investigou o efeito da ambiguidade na intensidade do Efeito Halo. Ele solicitou aos participantes que avaliassem dezessete cidades tendo como base nove atributos. Alguns deles eram inequívocos, como a população ou a quantidade anual de neve, enquanto outros, como a agradabilidade do verão ou a qualidade das atividades culturais, eram ambíguos.

Em seguida, James mensurou o grau de correlação entre os atributos. Ele descobriu que os fatores ambíguos apresentavam uma correlação muito maior do que os inequívocos (0,34 em comparação com 0,15).

Segundo Phil Rosenzweig, professor no IMD e autor do livro *O Efeito Halo*:

> Nossa tendência é reter informações que são relevantes, concretas e que parecem objetivas, para depois, a partir delas, fazermos atribuições a outras características que são mais vagas ou ambíguas.

Então, pergunte a si mesmo: as características da marca que você está tentando mudar são vagas e ambíguas? Se for esse o caso, uma abordagem indireta é a melhor opção.

No entanto, essa recomendação acaba suscitando uma outra pergunta, a saber, *quais* são as métricas tangíveis que você deve priorizar nessa situação? Reconhecer *quando* usar o Efeito Halo é importante, mas também precisamos compreender *como* aproveitá-lo: se você estiver evitando abordar diretamente seu objetivo, qual aspecto da personalidade da marca deve ser fortalecido?

Bem, sabemos que a tangibilidade de um atributo é crucial. E essa deve ser uma característica que o público consiga apreender com facilidade.

Além dela, existem duas características que as pessoas não sentem qualquer dificuldade em avaliar logo de cara: o carisma e a atratividade. Para ambas, encontramos evidências sobre o seu potencial de estimular o Efeito Halo.

4. *Explore o Efeito Halo ao enfatizar a atratividade a marca*

Vamos começar pela atratividade. Entre nós, há uma concepção muito antiga de que a beleza é um indicativo de outros atributos. Por volta de 1820, John Keats encerrou o seu poema, *Ode sobre uma urna grega*, com os seguintes versos que se eternizaram:

> A beleza é a verdade; a verdade, a beleza
> — É tudo o que há para saber e nada mais.

Keats foi um escritor à frente de seu tempo. A atratividade, conforme demonstrado em diversos experimentos contemporâneos, é um atributo tangível que as pessoas avaliam instantaneamente. Além disso, também já foi comprovado que essa característica tem o poder de amplificar o Efeito Halo.

Em 1972, Karen Dion, da Universidade de Minnesota, conduziu um experimento com sessenta participantes. Ela mostrou a eles fotos de três rostos e pediu que julgassem suas personalidades e se haviam tido uma vida bem-sucedida. As perguntas incluíam questões como: essas pessoas parecem interessantes? Autênticas? Quão felizes elas foram?

As fotos foram escolhidas a dedo por Dion. Um estudo prévio a esse já havia classificado a aparência dos sujeitos — um deles foi considerado atraente; outro, mediano; e o terceiro, desinteressante.

A atratividade das pessoas nas fotos teve um impacto significativo na forma como suas personalidades foram avaliadas. No geral, indivíduos atraentes eram considerados como tendo 16% mais traços de personalidade positivos, bem como pareciam desfrutar, segundo as avaliações, de um sucesso maior na vida em comparação com pessoas menos atraentes.

Parece que o Efeito Halo produzido a partir da atratividade também possui implicações no mundo real. Em 1974, Michael Efran e E. W. J. Patterson, da Universidade de Toronto, examinaram os resultados das eleições federais no Canadá. Eles descobriram que candidatos mais atraentes receberam uma quantidade maior do que o dobro e meio de votos do que aqueles com menor apelo físico.

Claro, é possível que você esteja pensando que os seus problemas de marketing não possuem qualquer relação com a aparência de um político. Mas conforme foi demonstrado, tal princípio — este que diz que a partir da aparência as pessoas tiram as próprias conclusões sobre outras características — pode ser aplicado em contextos mais próximos.

Em 1995, os pesquisadores Masaaki Kurosu e Kaori Kashimura, do Hitachi Design Centre, pediram a 252 participantes que avaliassem 26 designs da interface de usuário de um caixa eletrônico. Os participantes foram convidados a avaliar cada interface em três aspectos: a aparência, o quão intuitivo eles achavam que seria o seu uso e, posteriormente, a usabilidade real.

Os pesquisadores descobriram que quanto mais atraente fosse a interface, maior era a expectativa dos participantes de que ela também fosse fácil de usar. No entanto, a aparência não estava correlacionada com a usabilidade real. Esses resultados demonstram que a usabilidade percebida é fortemente influenciada por aspectos estéticos.

Essas são descobertas valiosas para os profissionais de marketing. Se o seu desejo é aumentar o valor intangível da marca, como a qualidade, melhorar a atratividade do design pode ser uma forma de alcançar esse objetivo. De muitas maneiras, essa é uma tarefa que um profissional de marketing pode gerenciar com tranquilidade, já que desenvolver um produto bonito é algo, de fato, exequível. Agora quando se trata de valores intangíveis, como a confiança, a única opção que temos é declarar a sua existência.

5. *Usufrua do Efeito Halo ao intensificar o carisma da marca*

Agora, vamos considerar o carisma. Assim como com a beleza, as pessoas tendem a presumir que indivíduos e produtos carismáticos incorporam outros atributos positivos.

Em 2001, Carolyn Nicholson, da Stetson University na Flórida, e Larry Compeau e Rajesh Sethi, da Clarkson University em Nova York, exploraram a associação entre carisma e confiabilidade, no que tangia a relação entre um representante de vendas e um comprador.

Eles pediram a 238 proprietários de empresas e gerentes gerais que avaliassem o carisma e a confiabilidade do representante de vendas de seus principais fornecedores. Os resultados mostraram que o carisma exercia uma influência significativa sobre a confiabilidade; quanto maior a pontuação de carisma, mais confiável eles consideravam o representante.

Mais uma vez, as evidências vão além das associações. Joanna Stanley e eu recrutamos 161 participantes e contamos a eles uma história sobre a visita a um restaurante. No final, perguntamos aos participantes qual era a probabilidade de o proprietário do local pagar os impostos em dia.

O ponto de virada no experimento foi: metade dos participantes recebeu a informação de que o proprietário os recebeu calorosamente, enquanto a outra metade foi informada de que ele agiu de maneira mal-humorada. Mesmo que a simpatia não esteja realmente relacionada à idoneidade financeira, ela influenciou a percepção dos participantes. Em comparação à situação em que o dono do estabelecimento não era agradável, quando souberam que ele agiu amigavelmente, as pessoas estavam 37% mais propensas a pensar que ele pagaria os impostos em dia.

Assim como previsto por Rosenzweig, avaliar uma qualidade intangível é complicado, então, sem perceber, as pessoas a substituem por uma pergunta mais simples, como "essa pessoa é carismática?" e confiam na resposta associada.

Essa é uma descoberta de aplicação prática. Em muitas situações, as marcas precisam melhorar a percepção dos atributos intangíveis, como confiança ou qualidade. Frequentemente, os profissionais de marketing cometem o erro de abordar isso frontalmente. Os experimentos que você acabou de ler sugerem que o melhor caminho é reforçar o carisma, aplicando uma abordagem mais indireta.

Felizmente, essa é uma métrica mais fácil de se adequar. Em um anúncio de 30 segundos, uma marca pode fazer sua audiência rir, ser espirituosa e, de forma geral, transmitir carisma. Ela pode *demonstrar* essas características. No entanto, quando uma publicidade quer abordar a confiança ou a qualidade, é possível apenas *declarar* essas características. O que, convenhamos, é muito menos convincente.

Entretanto, pode ser que toda essa discussão sobre carisma esteja gerando algumas dúvidas em sua mente. É fácil falar sobre carisma, mas como você consegue demonstrá-lo? Eis aqui o verdadeiro desafio. Bem, esse é o tema do próximo capítulo...

REFERÊNCIAS

'A constant error in psychological ratings' por Edward Thorndike [*Journal of Applied Psychology*, v. 4, n. 1, p. 25–29, 1920].

'The halo effect: Evidence for unconscious alteration of judgments' por Richard Nisbett e Timothy Wilson [*Journal of Personality and Social Psychology*, v. 35, n. 4, p. 250–256, 1977].

'Some characteristics of intrajudge trait intercorrelations' por Barbara Koltuv [*Psychological Monographs: General and Applied*, v. 76, n. 33, p. 1–33, 1962].

'Halo Effects and Location Preferences' por William James e Forest Carter [*Advances in Consumer Research*, v. 5, n. 1, p. 474–476, 1978].

O Efeito Halo, por Phil Rosenzweig [2021].

'The role of interpersonal liking in building trust in long-term channel relationships' por Carolyn Nicholson, Larry Compeau e Rajesh Sethi [*Journal of the Academy of Marketing Science*, v. 29, n. 3, p. 3–15, 2001].

'Voters vote beautiful: The effect of physical appearance on a national election' por Michael Efran e E. W. J. Patterson [*Canadian Journal of Behavioural Science*, v. 6, n. 4, p. 352–356, 1976].

'What is beautiful is good' por Karen Dion, Ellen Berscheid e Elaine Walster [*Journal of Personality and Social Psychology*, v. 24, n. 3, p. 285–290, 1972].

'Beauty is talent: Task evaluation as a function of the performer's physical attractiveness' por Harold Sigove e David Landy [*Journal of Personality and Social Psychology*, v. 29, n. 3, p. 299–304, 1974].

15

A SABEDORIA DO BOM HUMOR

O SEU NÍVEL de energia está baixando, por isso, você se ausenta do escritório em busca de uma dose de cafeína. Um café expresso rápido para dar aquela levantada na moral.

Depois de beber o último gole da xícara, você chama a atenção do garçom e pede a conta, fazendo um gesto de assinatura no ar.

Enquanto espera para pagar, fica refletindo sobre o valor da gorjeta. Quão generoso deveria ser? Como você não tem muito troco, resta a opção de deixar algo em torno de 10% ou 20%.

Você se lembra do atendimento. O garçom era alto-astral, até arriscou fazer uma piada ou outra.

20% será. Não tem por que ser mão de vaca.

NÃO HÁ NADA excepcional na sua reação ao jeito descontraído do garçom. Segundo indicações de pesquisas realizadas por Nicolas Guéguen, as gorjetas recebidas por funcionários que vez ou outra se arriscam em fazer alguma piada tendem a ser maiores.

Em 2002, Guéguen realizou um experimento com 211 clientes em um bar à beira-mar. Logo após terminarem seus cafés expressos, o garçom trazia a conta, que poderia vir sozinha ou acompanhada de uma piada cujo conteúdo era o seguinte:

Já fazia algum tempo que um esquimó esperava pela namorada em frente a um cinema. O frio se intensificava cada vez mais. Depois de esperar mais um pouco, já tremendo de frio e com bastante raiva, ele abriu o seu casaco e retirou um termômetro. Falou então em voz alta: "Se ela não estiver aqui em 15, vou embora!"

No grupo de controle — aqueles que não receberam a piada — apenas 19% deixaram gorjeta. Já entre as pessoas que a leram, 42% decidiram deixá-la. Além disso, o uso do humor também afetou o valor das gorjetas, que, nesse caso, foram de 23% em média, um valor bem mais alto do que os 16% deixados por quem só recebeu a conta.

Esse é um estudo que vale a pena ser levado em consideração, uma vez que ele sugere que o uso do humor pode aumentar as receitas em um ambiente comercial.

Mas pode ser que isso soe como uma afirmação óbvia; será que os publicitários já não sabem disso?

Bem, pode ser que antes soubessem, mas parece que à medida que os anos passam, nós, enquanto indústria, estamos ficando cada vez mais sérios.

De acordo com a análise da Kantar que levou em conta 200 mil anúncios de todo o mundo, essa tendência teve início há mais de quinze anos. Em 2004, 53% dos anúncios, um número um pouco maior do que a metade, eram engraçados ou descontraídos — ou pelo menos tentavam ser. No entanto, essa proporção tem decrescido constantemente, e agora os anúncios estão mais sérios do que nunca, com apenas 34% fazendo qualquer tentativa de humor.

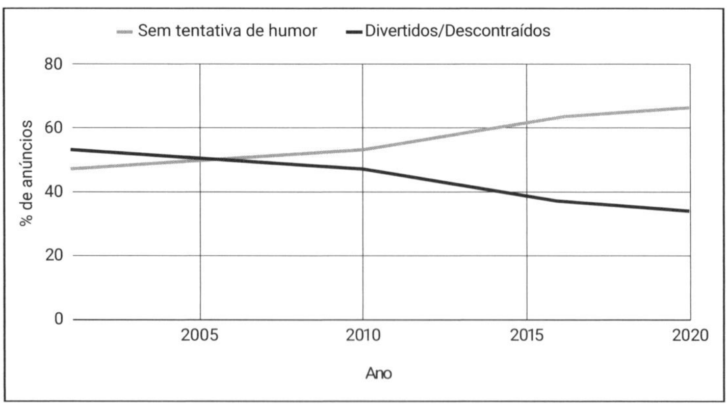

Fonte: adaptado da análise de Kantar.

O motivo para esse declínio não é tão claro.

Pode ser que mais campanhas publicitárias se estendam por diversos países atualmente, e exista o receio de que algumas piadas simplesmente não "caiam" bem em todos os lugares. Outra explicação plausível é que haja menos espaço para o riso com o aumento de publicidades mais densas, que ressaltam o propósito de uma marca. Há até quem argumente que os jurados de premiações, compostas por uma mistura de especialistas internacionais, prefiram o apelo visual em detrimento das palavras. Uma vez que as agências usam seu desempenho nesses eventos para atrair novos negócios, tal perspectiva egocêntrica contribui para a redução do interesse pelo humor.

Mas, independentemente da explicação, abrir mão da graça pode ser um equívoco, e há algumas razões para acreditarmos nisso.

A primeira delas é que não costumamos esquecer aquilo que nos diverte.

Em 2014, Gurinder Bains e seus colegas da Universidade de Loma Linda, na Califórnia, realizaram um estudo envolvendo vinte pessoas mais velhas. Para estabelecer o nível base de memorização, todos os participantes fizeram um teste que consistia em memorizar algumas listas de palavras. Depois disso, metade deles assistiu a um vídeo engraçado de 20 minutos, enquanto a outra metade — o grupo de controle — permaneceu em silêncio pelo mesmo tempo. Os psicólogos então repetiram o teste de memória. Ambos os grupos mostraram melhorias em relação aos níveis iniciais, mas naquele em que o vídeo de humor foi transmitido, comparado ao grupo de controle, o aumento mais do que dobrou — 44% contra 20%.

Mas não é apenas em ambientes controlados de laboratório que o humor aumenta as taxas de memorização. Há evidências de que isso também ocorre no mundo real.

Avner Ziv, psicólogo da Universidade de Tel Aviv, conduziu uma pesquisa com estudantes que estavam cursando uma disciplina de estatística. No estudo, publicado em 2014 no *Journal of Experimental Education*, os estudantes foram divididos em dois grupos. O primeiro teve acesso a um conteúdo com toques de humor, enquanto o outro teve aulas mais sérias e convencionais. E os resultados não deixaram dúvidas — nas provas de estatística, a turma que se divertiu teve um desempenho 11% melhor.

Não é preciso uma grande imaginação para intuir como essas descobertas se aplicam à publicidade. O objetivo principal de qualquer publicitário é a memorabilidade: o seu cliente não pode considerar uma compra se ele nem sequer se lembra que a sua marca existe.

> **O objetivo principal de qualquer publicitário é a memorabilidade.**

Mas existe um outro motivo pelo qual vale a pena fazer com que os seus clientes riam: humor e status estão fortemente entrelaçados. Em um estudo de 2017 conduzido por T. Bradford Bitterly, Alison Wood Brooks e Maurice E. Schweitzer, os participantes foram solicitados a escrever e apresentar depoimentos para uma empresa fictícia de viagens chamada VisitSwitzerland [Visite à Suíça]. Porém, o grupo não sabia que, na verdade, os dois primeiros participantes que se apresentaram eram pesquisadores. O depoimento de um deles foi mais rígido, ele falou sobre as montanhas e como elas eram maravilhosas para esquiar e fazer trilhas. Já o outro trouxe umas pitadas de humor: "Essas montanhas são incríveis para esquiar e fazer trilhas, e a bandeira ainda é um grande *plus*!"[1]

Quando os participantes avaliaram os depoimentos, aqueles que adicionaram ao conteúdo um pouco de leveza foram considerados 5% mais competentes, 11% mais confiantes e tiveram uma percepção de status elevado igual a 37%.

Mas a comprovação desse dado ultrapassa os estudos isolados. Embora experimentos individuais sejam úteis, é a metanálise que traz as evidências mais sólidas. Nesse caso, um pesquisador analisa minuciosamente todas as pesquisas de alta qualidade já existentes e, usando diversas técnicas estatísticas, combina os resultados para identificar padrões comuns.

Martin Eisend, professor de marketing da Universidade Europeia Viadrina em Frankfurt, realizou em 2009 a metanálise mais recente sobre o papel do humor na publicidade. Ele conseguiu reunir 38 artigos de alta qualidade publicados entre 1960 e 2004 e que abordavam o tema em questão.

[1] Em inglês, "plus" significa tanto "vantagem" como o "sinal de mais". [N. da T.]

Eisend encontrou sete descobertas estatisticamente significativas. Publicidades que fazem uso do humor repercutiram em associações bastante vantajosas com:

- atitudes em relação ao anúncio,
- atitudes em relação à marca,
- atenção,
- emoções positivas,
- uma redução nas emoções negativas,
- e, o mais importante, intenção de compra.

No entanto, houve uma associação negativa: com a credibilidade.

Os impactos mais relevantes, portanto, encontram-se na associação entre as publicidades com humor e a melhoria da atenção e das opiniões em relação ao anúncio.

E não foram apenas os acadêmicos que constataram os benefícios do humor. Les Binet e Peter Field analisaram 243 estudos de caso inscritos no PA Effectiveness Awards entre 2012 e 2020. Eles descobriram que, quando relacionadas ao impacto comercial, as campanhas que continham elementos de humor geraram uma marca de expressividade em 1,7, comparados aos 1,4 de anúncios sem esses traços.

Como aplicar esse viés?

1. *Leve o humor mais a sério enquanto estratégia*

O peso dessas evidências indica que os profissionais de marketing não estão tomando uma decisão apurada ao afastarem-se do uso do humor. De forma geral, se deseja capturar a atenção das pessoas, criar uma imagem positiva da marca ou aumentar a intenção de compra, há fortes indícios de que adotar uma abordagem humorística na comunicação é uma estratégia eficaz para isso.

As marcas deveriam considerar com seriedade as palavras de Martin Boase, fundador da icônica agência de publicidade BMP:

Acreditamos que, quando você se convida a entrar na sala de estar de alguém, a sua obrigação é não gritar com essas pessoas, tampouco entediá-las ou desrespeitar a sua inteligência. Em contrapartida, se você for um convidado cativante, capaz de entreter, divertir ou compartilhar algo interessante, provavelmente elas irão gostar mais de você, logo estarão mais inclinadas a tornarem-se suas clientes.

2. *Acione o humor quando estiver comunicando questões incômodas*

Apesar disso, em vez de simplesmente nos perguntarmos *se* o uso do humor é de fato eficaz, nós também devemos questionar *quando* isso acontece.

Uma situação em que utilizar o humor realmente funciona é quando um tema abordado faz as pessoas se sentirem desconfortáveis. Por exemplo, quando uma academia tenta alertar aos sedentários sobre os riscos de levar um estilo de vida pouco ativo. Nessas situações, há o risco de as suas intenções serem sabotadas pelo chamado 'efeito avestruz', que é quando as pessoas tendem a evitar informações negativas.

Um estudo feito em 2009 por George Loewenstein e Duane Seppi da Universidade Carnegie Mellon é a melhor referência para esse viés. Eles analisaram, tanto nos EUA quanto na Suécia, quantas vezes os investidores do mercado de ações verificavam as suas carteiras. Para isso, eles usaram dados de login da Autoridade Sueca de Pensões Premium e do gestor de investimentos Vanguard.

Segundo os psicólogos, o padrão de comportamento era alterado dependendo se o mercado de ações estava subindo ou caindo. Quando subia 1%, havia um aumento de 5-6% na verificação de suas carteiras pelos investidores dos EUA e um aumento de 1% entre os suecos. Nas palavras dos psicólogos, as pessoas "evitam se expor a informações que temem causar desconforto psicológico".

Nesse ponto, o papel desempenhado pelo humor é fundamental. Se apenas uma informação indesejada é o bastante para fazer com que as pessoas queiram enfiar suas próprias cabeças em um buraco, será que o humor pode neutralizar parte desse negativismo?

Um exemplo disso é a mensagem de segurança pública de 2012 intitulada *Dumb Ways to Die* [Jeitos estúpidos de morrer] do Melbourne Metro. A empresa queria reduzir o número de acidentes ferroviários envolvendo jovens, mas reconheceu que descrever os perigos em detalhes gráficos assustaria as pessoas e, provavelmente, elas acabariam não se envolvendo tanto com a campanha.

Assim, em vez disso, eles criaram um jingle mórbido e engraçado que descrevia uma lista macabra com diversos jeitos de morrer — ser atropelado por um trem era considerada "a maneira mais burra de morrer".

Se você ainda não teve a chance de ouvir a música, apenas as primeiras linhas já são o suficiente para dar um gostinho do humor sombrio em questão:

> *Ateie fogo no seu cabelo*
> *Cutuque um urso-pardo com um graveto*
> *Tome remédio vencido*
> *Use suas partes íntimas como isca de piranhas*
> *Maneiras estúpidas de morrer*
> *São tantas maneiras estúpidas de morrer*

O vídeo com a música foi assistido 200 milhões de vezes e ela se tornou a mensagem de serviço público mais compartilhada de todos os tempos, com 5 milhões de pessoas que a enviaram para seus amigos. Mas o mais incrível é que ela provocou uma mudança real de comportamento. Nos três meses seguintes à veiculação do anúncio, houve uma queda de 21% nos acidentes, em comparação com o mesmo período do ano anterior.

Sarah Carter, uma das planejadoras mais respeitadas na indústria publicitária, expressou isso de forma brilhante:

> Todo mundo que já conseguiu convencer uma criança a comer o seu prato de comida transformando a colher em um avião sabe disso: se você conseguir desarmar, você conseguirá persuadir. Portanto, mantenha um tom lúdico. As pessoas gostam desse estilo. E funciona.

3. *Dê prioridade a mensagens humorísticas entre os seus fãs*

Não são apenas mensagens difíceis de transmitir que podem se beneficiar com uma pitada de humor. Outra situação em que essa estratégia cai bem é quando a sua marca já é consolidada ou nos momentos em que deseja alcançar os seus fãs. Nesses casos, os efeitos positivos do humor são amplificados.

A evidência para essa abordagem vem de um estudo de 1990 conduzido por Amitava Chattopadhyay e Kunal Basu da Universidade McGill, no Canadá. Os pesquisadores iniciaram tal estudo pedindo a oitenta participantes que lessem a descrição de uma marca de caneta desconhecida: metade deles leu um texto elogioso, enquanto a outra metade leu um texto crítico.

Na sequência, todos os participantes assistiram a um comercial de TV de uma caneta: metade deles assistiu a versão engraçada, enquanto a outra viu um formato mais sério. Em todos os outros aspectos, os comerciais eram idênticos.

Após essa etapa, os participantes responderam a uma série de perguntas. Então, à medida que o experimento estava chegando ao fim, os participantes receberam um presente como agradecimento: eles podiam escolher uma das quatro canetas para levar para casa, tanto a caneta do anúncio que viram, ou uma das outras três.

A tabela abaixo demonstra quantas pessoas escolheram a caneta anunciada em cada cenário.

	Quem assistiu ao comercial engraçado	Quem assistiu ao comercial mais sério
Impressão positiva da marca	67%	40%
Impressão negativa da marca	20%	38%

Fonte: adaptado do estudo de Chattopadhyay e Basu.
Percentagens referem-se ao número de pessoas que escolheu a caneta do comercial.

A eficácia de cada anúncio, no entanto, dependeu da primeira impressão do participante sobre a marca da caneta. Se eles haviam sido levados a acreditar que a caneta era de alta qualidade, sem dúvidas, o anúncio engraçado era a abordagem que mais funcionava.

Contudo, quando os participantes tinham uma impressão negativa da marca, a situação se inverteu. Nesse cenário, o desempenho do comercial mais sério foi significativamente mais alto do que o engraçado.

Esse estudo, portanto, adiciona algumas nuances extras às recomendações. O humor é mais eficaz quando você tem uma marca consolidada ou quando o alvo das mensagens já estiver predisposto a recebê-las, mas caso a sua marca esteja enfrentando dificuldades, então é melhor evitá-lo.

4. *Amplificando o impacto do humor: estado de espírito*

O último conjunto de experimentos aborda como maximizar o impacto de uma propaganda que faz uso do humor. Uma das descobertas mais intrigantes provém de um estudo de 1981 liderado por Frank Wicker, da Universidade do Texas em Austin. Nele, o pesquisador estava interessado em compreender como a recepção às piadas pode ser afetada pela influência do estado de espírito.

Ele iniciou o experimento pedindo a 125 participantes que avaliassem como se sentiam. Em seguida, solicitou a eles que lessem 37 piadas e as classificassem quanto ao seu grau de humor, em uma escala que começava em "nada engraçada" e ia até "extremamente engraçada". Wicker constatou que quanto melhor o estado de espírito do participante, maior era a avaliação do humor das piadas. Sendo assim, tenha como alvo as pessoas que estejam em momentos descontraídos.

Apesar de tudo isso, um artigo de 2007 da Millward Brown, intitulado "Devo usar humor na publicidade?" traz algumas palavras de alerta. Eles argumentam que, embora o humor seja importante para desenvolver engajamento e prazer, sua eficácia é maior quando está alinhado à mensagem central. Quando isso não acontece, existe o risco de que ele se sobreponha ao anúncio e acabe tirando a atenção da sua marca.

Portanto, use o humor com sabedoria e você deverá observar um aumento na memorabilidade e na percepção positiva de sua marca. Mas tenha o cuidado de não se desviar da mensagem que deseja transmitir, ou pode acabar causando mais prejuízos do que benefícios.

Infelizmente, estamos chegando ao fim da nossa jornada pela ciência comportamental. Mas, antes de terminarmos, tenho mais uma série de experimentos que gostaria de compartilhar com você. Acredito que esses estudos sejam alguns dos mais interessantes de todo o livro. Espero que também ache. Afinal, é importante encerrar com chave de ouro...

REFERÊNCIAS

'The Effects of a Joke on Tipping When It Is Delivered at the Same Time as the Bill' por Nicolas Guéguen [*Journal of Applied Social Psychology*, v. 32, n. 9, p. 1955–1963, 2002].

'The "Strategic Sparks" Behind the 2022 Kantar Creative Effectiveness Award Winners' Kantar New Zealand www.kantarnewzealand.com/the-strategic-sparks-behind-the-2022-kantar -creative-effectiveness-award-winners.

'The Effect of Humor on Short-term Memory in Older Adults: A New Component for Whole-Person Wellness' por Gurinder Singh Bains, Lee Berk, Noha Daher, Everett Lohman, Ernie Schwab, Jerrold Petrofsky e Pooja Deshpande [*Loma Linda University Electronic Theses, Dissertations & Projects*, 207, 2014].

'Teaching and Learning with Humor' por Avner Ziv [*The Journal of Experimental Education*, v. 57, n. 1, p. 4–15, 2014].

'Risky business: When humor increases and decreases status' por T. Bradford Bitterly, Alison Wood Brooks e Maurice E. Schweitzer [*Journal of Personality and Social Psychology*, v. 112, n. 3, p. 431–455, 2017].

'How humor in advertising works: A meta-analytic test of alternative models' por Martin Eisend [*Marketing Letters*, v. 22, n. 2, p. 115–132, 2011].

'The Ostrich Effect: Selective Attention to Information' por Niklas Carlsson, George Loewenstein e Duane Seppi [*Journal of Risk and Uncertainty*, v. 38, n. 2, p. 95–115, 2009].

Look Out: The Advertising Guide for a World That's Turning Inwards por Orlando Wood [2021].

Dumb Ways to Die por Melbourne Metro www.dumbwaystodie.com.

'Humor in Advertising: The Moderating Role of Prior Brand Evaluation' por Amitava Chattopadhyay e Kunal Basu [*Journal of Marketing Research*, v. 27, n. 4, p. 466–476, 1990].

'Relationships among affective and cognitive factors in humor' por Frank Wicker, Irene Thorelli, William Barron e Marguerite Ponder [*Journal of Research in Personality*, v. 15, n. 3, p. 359–370, 1981].

'Should I use humor in advertising?' por Millward Brown [2007]

16

A REGRA DO PICO-FIM

FOI UM DIA agitado. Você conseguiu gerenciar vários trabalhos diferentes, foi às compras e até fez um exame de vista.

Relembrando todos os afazeres do dia, você não consegue se esquecer do mico que cometeu durante a reunião. Qual era mesmo o nome da cliente que não reconheceu? Era Ann? Anna? Anya? Ou Annabella?

É. Ainda está difícil de lembrar. Tudo culpa da sua memória de peixe.

RECORDAR-SE DOS ACONTECIMENTOS de um dia como se eles fossem um grande mosaico é comum, não é uma exclusividade sua. Os observadores mais atentos entre nós já constataram os caprichos da memória há um bom tempo. Jane Austen em *Mansfield Park* disse as seguintes palavras:

> Parece que existe alguma coisa no poder, nas falhas, nas disparidades da memória que se faz mais incompreensível que em qualquer outra de nossas faculdades. Às vezes, a memória é tão persistente, prestativa e obediente... e, outras, tão confusa e frágil... e, ainda outras, tão impositiva e incontrolável!

Nossos cérebros não possuem a capacidade de armazenar cada momento. Em vez disso, capturamos apenas uma fração do que acontece conosco. Em seu livro, *A Imortalidade,* o autor Milan Kundera reflete sobre essa tendência ao dizer que, "a memória não cria filmes, ela cria fotografias". Com isso, o que ele quer dizer é que nos lembramos apenas de alguns fragmentos dos momentos, sem conseguir captá-los inteiramente.

Como a memória é seletiva, dependendo dos elementos específicos gravados na mente, os eventos podem ser lembrados de modos diferentes.

Felizmente, a psicologia ilumina os acontecimentos mais marcantes da jornada. Neste capítulo, vou explorar uma teoria específica chamada: regra do pico-fim. Segundo essa descoberta, nossa tendência é lembrar das partes mais (ou menos) agradáveis de uma experiência, assim como os momentos finais.

Nossa tendência é lembrar das partes mais (ou menos) agradáveis de uma experiência, assim como os momentos finais.

Foi um experimento conduzido em 2003 por Donald Redelmeier, da Universidade de Toronto, e Daniel Kahneman, que na época estava em Berkeley, que trouxe uma das primeiras evidências sobre o assunto.

Eles realizaram um estudo com pacientes que haviam passado por uma colonoscopia. Para quem não está familiarizado com o procedimento, ele envolve um médico inserindo uma câmera flexível no reto para examinar se há tecido inflamado ou pólipos. E é realmente desagradável.

Os psicólogos entregaram aos voluntários dispositivos portáteis para registrar o nível de dor a cada minuto do procedimento. Depois, em dois momentos distintos, os pacientes deveriam avaliar retrospectivamente o quão desagradável foi o exame: um deles logo após o procedimento e o outro um mês depois.

Curiosamente, as memórias dos pacientes não estavam pareadas com a média dos níveis de dor experimentados. Em vez disso, dois momentos específicos tornavam suas lembranças mais apuradas: o ponto máximo da dor e o desconforto sentido nos momentos finais do procedimento.

Tendo isso dito, como aproveitar as terríveis experiências de colonoscopia?

Como aplicar esse viés?

1. *Concentre-se nos momentos que importam*

A descoberta de que alguns momentos importam mais do que outros nos é útil porque, a partir dela, sabemos melhor no que concentrar os esforços.

No entanto, você pode estar pensando qual a relevância da colonoscopia para o seu trabalho. É possível aplicar tais descobertas ao contexto das marcas?

Esse é um questionamento plausível, contudo, a regra do pico-fim já foi demonstrada em diversas situações. Talvez a mais relevante seja o experimento conduzido por três psicólogos do Dartmouth College, Amy Do, Alexander Rupert e George Wolford, que em 2008 testaram a aplicabilidade do pico-fim em situações comerciais.

Do e sua equipe organizaram um sorteio beneficente e quem fizesse uma doação concorria a alguns DVDs. Mais tarde, os pesquisadores enviaram um e-mail para cem dos participantes informando-os que haviam vencido e pedindo para que escolhessem um título dentro de uma seleção pré-determinada.

Algumas pessoas receberam uma lista com filmes bem classificados, de acordo com o site de críticas Rotten Tomatoes (lista A). Outras viram uma seleção de títulos medianos (lista B).

Então, foi solicitado aos participantes que avaliassem, em uma escala de sete pontos, o quanto gostaram do DVD que receberam. Evidentemente, aqueles que escolheram entre os títulos da lista com as melhores classificações ficaram mais felizes. Os integrantes da lista A marcaram uma pontuação média de 5,21, enquanto os da lista B pontuaram apenas 2,57.

Até aqui, nenhuma surpresa.

Mas então veio a parte interessante. Metade dos participantes poderia escolher outro título de DVD, mas, desta vez, de uma lista diferente. Assim, passamos a ter quatro grupos. Na tabela abaixo você pode acompanhar a diferença entre todas as avaliações:

Grupo	Descrição	Média de Avaliação
A	Um DVD da lista de melhores títulos	5,21
B+A	Um DVD de cada lista (a última lista ofertada era a de melhores títulos)	4,82
A+B	Um DVD de cada lista (a última lista ofertada era a de títulos medianos)	4,14
B	Um DVD da lista de títulos medianos	2,27

Fonte: adaptado do estudo de Do, Rupert e Wolford (2008).

Os resultados confirmam a descoberta de Kahneman e Redelmeier sobre a relevância dos momentos finais. Ao comparar os grupos que escolheram dois DVDs, percebemos que as avaliações foram mais positivas quando o melhor título foi escolhido por último. Mesmo quando os participantes receberam prêmios idênticos, a ordem de escolha fez a diferença — aqueles que receberam o melhor por último ficaram 16% mais satisfeitos com o resultado.

Em 2020, intrigado por essa pesquisa, desenvolvi um teste para verificar se a publicidade também é afetada pela regra do pico-fim. Em colaboração com Alex Maguire na Unruly, começamos pesquisando anúncios analisados e pontuados por meio da codificação facial segundo a segundo da Affectiva, cuja metodologia é pautada na reação do público.

Nós selecionamos nove anúncios com a mesma pontuação geral. No entanto, baseado na codificação facial, propusemos uma divisão em três grupos:

- Anúncios consistentes com pontuação constante do início ao fim.
- Anúncios agitados com altos e baixos proeminentes nas classificações.
- Anúncios mais agitados ao final e cujo pico acontecia nesse momento.

Em seguida, recrutamos 579 pessoas para assistir aos anúncios. Uma semana depois, questionamos o que retiveram da experiência. O padrão foi inquestionável. Em relação a qual anúncio se lembravam, 23% recordaram os anúncios consistentes, 31% os agitados e 33% os com final agitado.

Houve um padrão semelhante em relação a lembrança da marca em questão: 10% conseguiram se lembrar corretamente qual era a marca dos anúncios consistentes, 32% dos agitados e 21% dos com final agitado.

Tendo em vista ambas as métricas, os anúncios que fizeram uso da regra do pico-fim tiveram uma taxa de memorabilidade muito mais expressiva.

Agora que está mais familiarizado com essa regra, como prosseguir? Quando pensamos em experiências de marca, há três estratégias que podem ser aplicadas:

- Preencha os pontos baixos (ou seja, minimize o pico negativo).
- Amplifique os pontos altos (ou seja, ressalte o pico positivo)
- Termine com chave de ouro.

Agora, vamos discutir minuciosamente cada uma dessas estratégias.

2. *Comece preenchendo os pontos baixos*

Dentre essas três táticas, preencher as lacunas é prioridade. Você precisa identificar as piores partes da experiência e, sempre que possível, aprimorá-las.

Esse é o passo mais importante porque as pessoas apresentam um viés de negatividade: informações ruins nos afetam mais do que as boas, até quando possuem a mesma magnitude. Há duas razões que justificam isso.

A primeira delas: nós somos mais propensos a reter informações negativas. Felicia Pratto da Universidade de Berkeley conduziu em 1991 um experimento que demonstra isso. Nele, ela pediu para que os participantes lessem uma lista com quarenta traços de personalidade: vinte negativos e vinte positivos. Quando foi solicitado que se lembrassem do maior número possível de características que conseguissem, a chance de se lembrarem das negativas era duas vezes maior do que das positivas.

Levando em conta essa capacidade maior de memorização das informações negativas, a segunda razão é que tendemos a dar mais importância a elas do que a eventos positivos equivalentes. Um estudo de 1966 conduzido por Shel Feldman da Universidade da Pensilvânia consegue ilustrar melhor tal constatação. Feldman forneceu aos participantes a descrição de uma pessoa e, em seguida, pediu que a avaliassem em termos de atratividade.

Às vezes, a persona continha uma característica positiva, às vezes uma negativa e às vezes ambas. Em relação às análises mistas, as classificações gerais tendiam a ser mais negativas do que a média sugeriria. Para o psicólogo, isso demonstrava que as informações ruins tinham um peso maior do que as boas.

É possível que o viés de negatividade remonte à evolução da nossa espécie. Roy Baumeister, psicólogo na Case Western Reserve University, argumenta que:

> Existe um fundamento de adaptação evolutiva que justifica o maior impacto das coisas ruins em relação às boas. Acreditamos que, ao longo de nossa história evolutiva, os organismos que estavam mais atentos aos eventos negativos teriam maior probabilidade de sobreviver a ameaças e, consequentemente, teriam maior chance de transmitir seus genes adiante.

Assim, segundo as evidências, não resta dúvida de que a prioridade deva ser preencher os pontos negativos. Mas como isso funciona na prática? Bem, irá depender das especificidades da marca, mas vamos analisar alguns exemplos para tornar isso mais palpável.

Vamos começar com a Disney. Se você já visitou algum dos parques, sabe que enfrentar filas é uma parte significativa da sua estadia — uma atração popular pode ter uma espera de quase duas horas. A Disney preencheu essa lacuna entretendo àqueles na fila. Quem espera pelo passeio do *Dumbo*, por exemplo, recebe um pager que vibra quando chega a sua vez. Enquanto isso, os visitantes podem levar seus filhos para a área de recreação do personagem, sendo localizada, de forma bastante apropriada, sob uma tenda de circo.

Não são apenas as crianças que se divertem nas filas da Disney. Na fila da *Mansão Assombrada*, cinco esculturas adornam a parede, cada uma com uma placa ao lado que conta o motivo sombrio de sua morte. Assim, sua tarefa é usar tais pistas para adivinhar quem foi o assassino delas.

Para manter as pessoas entretidas em suas filas, a Disney gasta quantias exorbitantes de dinheiro, mas, na verdade, uma boa solução não precisa ser cara. Às vezes, o que fará a diferença é apenas um toque de criatividade.

Um exemplo admirável desse tipo de pensamento aconteceu no início dos anos 2000, no aeroporto de Houston. Havia, naquele momento, um grande número de reclamações dos passageiros que esperavam na esteira de bagagens, o que trouxe uma preocupação para a gerência: a essa altura, os viajantes geralmente estavam no limite da exaustão e o atraso, que era em média de oito minutos, testava ainda mais a sua paciência.

Não houve praticamente qualquer custo envolvido na resposta da administração. Simplesmente redirecionaram os passageiros após o controle de passaportes, tornando a caminhada mais longa — cerca de oito minutos a mais. Isso significava que, quando chegavam à esteira, as malas já estavam lá.

Mesmo o tempo até pegar as malas sendo igual, as reclamações despencaram. Segundo Alex Stone, que relatou a reformulação de Houston para o *New York Times*, "a experiência de esperar é definida apenas em parte pelo tempo real de espera". O que importa mais é a percepção, e uma espera sem nada para fazer parece muito mais longa do que quando estamos em movimento.

Os exemplos da Disney e de Houston demonstram como é importante priorizarmos as lacunas. Muitas empresas evitam lidar com as partes desagradáveis dos produtos. Isso porque costuma ser mais empolgante para um profissional de marketing amplificar os pontos altos. No entanto, pelo que nos contam as evidências, é melhor não começar por aí.

3. *Amplifique os pontos altos*

Uma vez que você já tenha enfrentado os pontos baixos, poderá concentrar seus esforços no próximo passo: amplificar o ponto mais alto.

Simples? Pode até ser, mas quantas marcas realmente aplicam esse pensamento? A maioria tenta fazer melhorias pouco significativas em todos os aspectos da experiência do cliente. No entanto, isso difunde seus esforços e, assim, acabam condenadas à mediocridade. Afinal, o custo de melhorar expressivamente todos os aspectos é proibitivamente caro.

Então, em vez disso, concentre-se em fazer com que um único momento se destaque.

Vamos analisar, mais uma vez, um exemplo. Dessa vez o Magic Castle Hotel, que aparece no excelente livro de Chip e Dan Heath, *O poder dos momentos*.

Segundo o Tripadvisor, o Magic Castle é classificado como um dos dez melhores hotéis de Los Angeles. Um número impressionante de 93% das 3.512 avaliações o classifica como 'muito bom' ou 'excelente'. Nem o famoso Four Seasons em Beverly Hills tem uma proporção tão grande assim de elogios.

Isso é surpreendente em muitos aspectos, já que o hotel não possui nada extravagante: decoração datada, suítes espartanas e uma piscina pequena. E, além disso, é bem caro. Eu tentei reservar um quarto com um mês de antecedência.

O preço? Decepcionantes 254 libras por noite — um valor próximo ao do Marriott, por exemplo.

Contudo, o hotel consegue aplicar com maestria a regra do pico-fim. No lugar de proporcionar uma experiência uniforme, os esforços da equipe estão em criar um ou dois momentos excepcionais. Um deles é a assistência de picolé.

Não importa se é dia ou noite, a qualquer momento você pode pegar o telefone retrô vermelho próximo à piscina e discar o número da assistência. Um homem, vestido à caráter com luvas brancas, brota imediatamente segurando uma bandeja de prata com uma seleção de picolés gratuitos.

Proporcionar momentos extraordinários — em vez de melhorar aspectos cotidianos de maneira banal — é o que faz com que memórias inesquecíveis sejam criadas e, consequentemente, geram-se ótimas avaliações.

Sugerir que você amplifique o ponto alto, no entanto, só gera mais perguntas, em particular, quais elementos produzem um grande momento? Um fator é a surpresa. Pense no Magic Castle. Se você já se hospedou em um hotel, chegará na sua próxima estadia já com um conjunto de expectativas sobre como as coisas devem acontecer. O Magic Castle as contraria de forma positiva. E isso aumenta a memorabilidade.

Isso não é mera especulação. A relevância do fator surpresa foi comprovada por um experimento conduzido por Vani Pariyadath e David Eagleman, dois acadêmicos do Baylor College of Medicine no Texas. Em 2007, eles apresentaram 9 fotos a 84 participantes, cada uma sendo exibida por um curto período de 300 a 700 milissegundos. Oito das imagens eram iguais e representavam um objeto comum, como um sapato marrom. A nona, no entanto, era surpreendente — um despertador.

Na sequência, os acadêmicos pediram aos participantes que determinassem quanto tempo a imagem fora exibida em comparação com a imagem anterior. A descoberta crucial desse experimento, que ficou conhecida como Efeito Oddball [efeito excêntrico], foi o fato da imagem que oferecia o fator surpresa, isto é, o despertador, ser avaliada como exibida por um tempo 12% maior do que realmente ocorreu.

Então, concentre-se em criar um ponto alto que desafie a expectativa do público. Pense na sua marca: o que seria equivalente à "assistência de picolé"?

4. *Termine com chave de ouro*

A aplicação final da regra do pico-fim é a mais simples de todas: termine com chave de ouro. É comum que as marcas se sintam seduzidas a criar uma primeira impressão fantástica. Embora isso seja de fato importante, o trabalho de Redelmeier e Kahneman argumenta que, em se falando de memória, fechar com chave de ouro é ainda mais relevante.

E então, quem é exemplar nisso?

Mais uma vez, a Disney aplica essa ideia nos parques temáticos com excelência. Logo quando você chega e entra na fila para um brinquedo, há um visor digital que oferece uma estimativa do tempo de espera. No entanto, o TouringPlans, um site que ajuda os visitantes a aproveitar ao máximo a visita aos parques da Disney, analisou 2 milhões de ocorrências em que tal estimativa foi exibida no visor. Depois, compararam com o tempo de espera real das filas. Com isso, descobriram um padrão consistente de superestimação desses valores. Diversas vezes a Disney avisa que a fila demorará mais tempo do que de fato irá levar.

Analisando superficialmente, isso pode ser surpreendente: por que uma marca exageraria seus problemas? Mas, se considerar tal atitude à luz da regra do pico-fim, ela até que faz algum sentido. Pelo tempo na fila ter sido superestimado, a experiência termina em alta: a irritação de uma fila de 45 minutos é minimizada se a sua expectativa era que ela durasse cinquenta.

A Disney não é a única marca que faz uso da regra do pico-fim. O Flat Iron tem a própria versão do conceito. Se você não ouviu falar deles, o Flat Iron é uma rede de dez restaurantes de carne fundada em 2012 por Charlie Carroll em Londres.

Depois de pagar a conta, o garçom lhe dá um par de miniaturas de facas de carne ornamentadas e diz para entregá-las na saída à equipe do restaurante. Quando faz o que lhe foi solicitado, a recompensa é uma casquinha de sorvete de caramelo salgado. Essa surpresa garante que a experiência gastronômica termine bem.

Mas talvez, quando penso em fins de experiência impactantes, o meu exemplo favorito venha da tradição cinematográfica de adicionar uma sequência após os créditos. "Stinger" é como essa prática costuma ser referenciada. A ideia é ofertar ao público uma cena bônus e assim incentivar a permanência na sala de cinema para assistir aos créditos.

Essa foi uma tendência que começou lentamente com os filmes de James Bond. A partir de *Moscou contra 007* de 1963, eles passaram a incluir uma breve mensagem dizendo "James Bond retornará em..." após a ação principal.

No entanto, no final dos anos 1970, os cineastas começaram a explorar mais profundamente essa ideia, adicionando uma roupagem mais descontraída. Em 1979, *Muppets - O filme* rompeu com a quarta parede fazendo com que os personagens ressurgissem e conversassem com a plateia. O ponto mais memorável acontecia quando Animal gritava para quem ainda permaneciam no cinema: "Vão logo para casa!! Adeus!"

Nos anos 1980, diversos filmes, como a franquia *Cannonball Run,* começaram a exibir cenas cortadas e erros de gravação após o conteúdo principal. A Pixar Animation fez o mesmo — obviamente, nenhuma das cenas era real —, criando uma paródia maravilhosa dessa estratégia em títulos como *Vida de Inseto* (1998), *Toy Story 2* (1999) e *Toy Story 3* (2010).

Talvez o melhor exemplo venha do filme *Clube dos Cafajestes* de 1978, dirigido por John Landis. No final, havia uma seção mostrando o que aconteceria depois na vida dos personagens. Um deles, Babs, conseguiu um emprego como guia turística no Universal Studios. Em seguida, depois de encerrados os créditos, aparecia um anúncio estático dizendo "quando estiver em Hollywood, visite o Universal Studios (e procure por Babs)". Até 1989, quem levasse a sério a sugestão era recompensado por um desconto no passeio.

A regra do pico-fim é valorosa para os profissionais de marketing, pois com ela aprendemos no que devemos focar. Você precisa garantir que os pontos baixos das publicidades sejam preenchidos, em seguida amplificar os pontos altos e, por fim, ter certeza de que terminarão com chave de ouro.

Receio que a regra do pico-fim seja o nosso último experimento. Espero que as histórias de colonoscopias e erros de gravação tenham feito com que alcançássemos o ponto máximo no fim.

REFERÊNCIAS

'Memories of colonoscopy: a randomised trial' por Donald Redelmeier, Joel Katz e Daniel Kahneman [*Pain*, v. 104, n. 1, p. 187–194, 2003].

'When more pain is preferred to less: Adding a better end' por Donald Redelmeier, Barbara Fredrickson e Charles Schreiber [*Psychological Science,* v. 4, n. 6, p. 401–405, 1993].

'Evaluations of pleasurable experiences: The peak-end rule' por Amy Do, Alexander Rupert e George Wolford [*Psychonomic Bulletin & Review*, v. 15, n. 1, p. 96–98, 2008].

'The attention-grabbing power of negative social information' por Felicia Pratto e Oliver John [*Journal of Personality and Social Psychology*, v. 61, n. 3, p. 380–391, 1991].

'Motivational aspects of attitudinal elements and their place in cognitive interaction' por Shel Feldman. In: S. Feldman (Ed.), *Cognitive consistency.* [New York: Academic Press, p. 75–108, 1966].

'Bad is Stronger than Good' por Roy Baumeister, Ellen Bratslavsky, Catrin Finkenauer e Kathleen Vohs [*Review of General Psychology*, v. 5, n. 4, p. 323–327, 2001].

O poder dos momentos: o porquê do impacto extraordinário de certas experiências por Chip Heath e Dan Heath [2017].

'The Effect of Predictability on Subjective Duration' por Vani Pariyadath e David Eagleman [*PLoS ONE*, v. 2, n. 27, e1264, 2007].

CONCLUSÃO

A ROYAL SOCIETY é a academia científica mais proeminente da Grã-Bretanha. Fundada em 1660, na cidade de Londres, ela possibilitou alguns dos maiores avanços no conhecimento ao longo da história. Entre eles, publicou *Principia,* de Isaac Newton, e financiou a viagem de James Cook ao Taiti, cujo intuito era observar o trânsito de Vênus, algo que ajudou a determinar o tamanho do sistema solar.

Mas o seu princípio fundamental, incorporado em seu lema, é o que mais nos interessa:

Nullius in verba

Ou, em português: não aceite a palavra de ninguém.

No cerne desta instituição, e da própria ciência inclusive, está a ideia de que a autoridade por si só não é suficiente para estabelecer uma verdade.

Essa é uma das razões pelas quais eu amo a ciência comportamental. Nada é argumentado apenas com base na autoridade. Nem mesmo a palavra de ilustres ganhadores do Prêmio Nobel, como Kahneman e Thaler, é o bastante para lhes respaldar sem que haja a necessidade de outros requisitos. Tudo deve ser comprovado de maneira experimental.

A partir dessa ênfase nas evidências, podemos dizer que as descobertas que discutimos são robustas. Comparado a grande parte da teoria de marketing ou de negócios, que na maior parte dos casos se baseia na cosmética de um argumento em vez de uma análise imparcial dos dados, temos aqui um aprimoramento.

Sem sobra de dúvidas, é preferível pautar nossas decisões nas bases sólidas da ciência comportamental do que em meras especulações.

Mas insights robustos só são valiosos se forem colocados em prática. Portanto, leve essas percepções sobre a natureza humana, catalogadas pela ciência comportamental, e aplique-as ao seu setor de marketing. Assim, os seus esforços para mudar o comportamento dos outros se tornarão mais eficazes.

Ao decorrer de todos esses capítulos, nós abordamos uma boa quantidade de experimentos. Espero que eles tenham instigado muitas ideias para que você invista em mudanças práticas no seu marketing.

No entanto, mesmo que 16½ ideias amplas (e se você pegar *The Choice Factory,* encontrará mais 25 insights que valem a pena ser considerados) tenham sido tratadas aqui, ainda há muito que não discutimos.

Os estudos de psicologia remontam à década de 1890. Desde então, houve milhares e milhares de experimentos. Os que analisamos compõem uma pequena proporção de todo o corpo de trabalho.

Portanto, por favor, não pare por aqui. Há muito mais para descobrir. E para ajudá-lo em seu caminho, tenho oito recomendações de livros que podem ser de seu interesse para ler na sequência...

LEITURAS RECOMENDADAS

Hábitos Atômicos: Um Método Fácil e Comprovado de Criar Bons Hábitos e se Livrar dos Maus por James Clear [2019]

O melhor livro sobre hábitos. Uma mistura maravilhosa de histórias e estudos que é preciosa tanto do ponto de vista profissional quanto pessoal. Você pode ler muitos de seus artigos aqui: jamesclear.com/articles [conteúdo em inglês]. Publicado pela Alta Books.

The Choice Factory [sem publicação no Brasil] por Richard Shotton [2018]

Talvez eu esteja sendo um pouco tendencioso em relação a esta indicação. Mas se você gostou de *A Ilusão da Escolha,* provavelmente também irá apreciar *The Choice Factory.* Nele, identifico 25 vieses comportamentais que influenciam as decisões do consumidor. Para cada um deles, examino a evidência acadêmica, experimentos que realizei para mostrar que esses estudos são relevantes comercialmente e, o mais importante, suas aplicações práticas.

Alquimia - O Poder Surpreendente das Ideias Absurdas por Rory Sutherland [2019]

Qualquer coisa escrita por Rory Sutherland é uma leitura válida. Ele tem uma imaginação especialmente fértil, então mesmo ao discutir vieses e experimentos que você pode já estar familiarizado, ele irá surpreendê-lo com uma interpretação criativa. Se você prefere ouvir em vez de ler, ele costuma ser uma presença frequente em podcasts.

Blindsight: The (Mostly) Hidden Ways Marketing Reshapes Our Brains [sem publicação no Brasil] por Matt Johnson e Prince Ghuman [2020]

A maioria dos livros sobre ciência comportamental é escrita tendo uma persona genérica de leitor em mente. Este livro é particularmente interessante, pois demonstra a relevância do marketing dentro de uma temática específica.

Como Mudar: As Novas Pesquisas Para Superar Desafios e Transformar Nosso Comportamento por Katy Milkman [2022]

Milkman é uma das maiores autoridades em mudança comportamental. No início deste livro, nós discutimos o seu trabalho em relação ao efeito do recomeço.

Preço — O Mito do Valor Justo e Como Tirar Vantagem Disso por William Poundstone [2015]

Recomendei este livro no final de *The Choice Factory,* então, peço desculpas se adicioná-lo aqui parece um pouco repetitivo. No entanto, não há outro livro sobre precificação que possa ser tão interessante e informativo quanto o livro de Poundstone.

O Poder dos Momentos: O Porquê do Impacto Extraordinário de Certas Experiências por Chip e Dan Heath [2019]

Os irmãos Heath escreveram uma coleção notável de livros sobre a aplicação de ideias da psicologia nos negócios. Seu livro anterior, *Ideias que colam: por que algumas ideias pegam e outras não*, investigou estratégias para fazer com que a sua comunicação se torne inesquecível. É um livro excelente, mas a minha recomendação de *O poder dos momentos* justifica-se por esse ser um título tão bom quanto e que possui um recorte menos imbricado a outros livros de psicologia. Além disso, foi um livro que usei bastante ao escrever *A Ilusão da Escolha*.

Todo Mundo Mente: O Que a Internet e os Dados Dizem Sobre Quem Realmente Somos por Seth Stephens-Davidowitz [2018]

Esse foi o meu livro favorito de 2017 (publicado originalmente em 2017, a publicação no Brasil foi em 2018). A obra aborda um dos principais temas da ciência comportamental: para entender o que realmente motiva as pessoas, você não pode confiar no que elas afirmam. No entanto, em vez de apenas destacar os perigos das pesquisas e grupos de foco, ele propõe como estratégia alternativa a análise dos volumes de busca.

AGRADECIMENTOS

Este livro se desenvolve a partir de uma pesquisa na qual venho trabalhando ao longo dos últimos cinco anos. Durante esse período, contei com a ajuda de muitas pessoas. No primeiro ano, Lauren Leak-Smith me forneceu uma assistência inestimável. Desde então, Joanna Stanley trabalhou incansavelmente para identificar estudos que deveriam ser incluídos e analisou as principais descobertas. Sem ela, este livro não teria sido possível.

O momento de realmente escrever o livro não foi tão longo, mas outras pessoas contribuíram igualmente para que ele se concretizasse. Nick Fletcher, Craig Pearce e Chris Parker forneceram um conselho editorial e de design exemplar.

Finalmente, minha família.

Meus filhos, Anna e Tom, me ofereceram uma coragem inestimável. E, acima de qualquer coisa, minha esposa, Jane, que é uma *copywriter* fantástica e me ajudou a encontrar o tom de voz do livro e qual direção ele deveria seguir.

ÍNDICE

A

Aaron Kay 127
Abhijit Guha 90
Adrian North 96
Aimee Drolet 80
Akshay Rao 73, 88
Alexander Chernev 21
Alexander Rupert 159
Alexandre Pascual 125
Alex Boyd 49, 99
Alex Maguire 160
Alex Stone 163
Alex Thompson 48
Alison Wood Brooks 150
aliteração 50
Alvin Gouldner 27
Amitava Chattopadhyay 154
Amos Tversky 107
Amy Do 159
análise do campo de forças 16
Anat Keinan 131
Andrea Morales 33
Aneesh Rai 8
Apple 31, 60
aprovação social 110
Aradhna Krishna 60
Armani 135
Armin Falk 27
Arthur Koestler 41
Arthur Schopenhauer 63
atividades promocionais 73
ato intencional 135
atratividade 142
atributos intangíveis 145
Avanti 41
aversão a extremos 75, 77
aversão à perda 107, 110
Avner Ziv 149

B

Barbara Koltuv 140
barreiras psicológicas 23
BBVA 34
Bernd Schwarze 112
BetterLife 48
Betty Crocker 29
B. F. Skinner 9
B. J. Fogg 2
Blue Dragon 31
Bob Bob Ricard 18
bônus 73
Burberry 135

C

Cait Lamberton 126
Cancer Research UK 37
capacidade de memorização 48, 59
carisma 144
Carolyn Nicholson 144
cashback 79
Charles Spence 31
Charlie Carroll 166
chave de ouro 165
Chip Heath 65, 164
Chris Janiszewski 70
Christian Aid 93
Christopher Bryan 108
Christopher Carpenter 125
Christopher Puto 82
Cícero 59
ciência comportamental 12
Claude Hopkins 6
comportamento antissocial 119
comunicação abstrata 65
confiabilidade 144
congruência da representação de magnitude 91
consciência completa 96
construção de hábitos 12
  empilhamento 7
  estímulo 5
  reação 8
  recomeço 3
  recompensa 9
    incerta 10
  repetição 12
convencimento 47
convenções 131
credibilidade 48
C. S. Lewis 40
cultura 124
curva do esquecimento 55

D

Dan Ariely 29, 32
Dan Heath 65, 164
Daniel Kahneman 1, 15, 86, 104, 107
Daniel Mochon 29
Daniel Oppenheimer 42, 62

Danny Boyle 106
Dan Uy 70
David Abbott 39
David Bourdin 86
Deborah Small 63
Deborah Yates Sanders 121
dedicação 33
desaprovação social 130
Dishoom 11
dominância assimétrica 82
Domino's 34
Donald Lichtenstein 81
Donald Redelmeier 158
Draeger's 20
Duane Seppi 152
Duncan Willett 132
Dyson 34

E

Edward Thorndike 137
efeito
  avestruz 152
  da vítima identificável 64
  de captura 67
  de ordem 81
  generativo 37, 39
  Halo 138
  Hawthorne 119
  IKEA 31
  isca 82
  multiplicativo 62
  Red Sneakers 132
EGO 48
Elizabeth Loftus 105
Ellen Langer 117
Elliot Aronson 107
empilhamento de descontos 88
enquadramento 104
esforço 40, 54
  cognitivo 38
estatísticas 64
Eva González 87
Eva Jonas 124
E. W. J. Patterson 143
experimentos de campo 97, 98

F

facilidade de processamento 47
falibilidade da memória 55
fator surpresa 165
Felicia Pratto 161
fique à vontade 125
fluidez 52
  perceptiva 60, 62
forças
  de contenção 15
  de motivação 15
  restritivas 16
Francesca Gino 131
Frank Wicker 155
Frans de Waal 113
Free 79

G

Gaby Judah 7
Gary Gaeth 104
Gavan Fitzsimons 123, 127
George Loewenstein 63, 152
George Wolford 159
Good Luck x
Gurinder Bains 149

H

hábitos 2
  formação de 2
  importância dos 2
Haig 49
Haipeng Chen 73, 88
Hamish Bromley 51
Han Gong 89
Harry Wallop 11
Heinz 49, 68
Hengchen Dai 3
Henry J. Heinz 68
Hermann Ebbinghaus 55
heurística de Keats 47
Hitachi 60
Hyunjin Song 52

I

Ian Begg 57
ideias que colam 58
ilusão
  de esforço 32, 62
implementação-intenção 5
impulsionador de comportamento 110
índice de memória 59
indignação pertinente 115
influência 27
IPSOS MORI 47
Irwin Levin 104
Ivory 68

J

Jaap Murre 56
Jack Brehm 121

Jack Knetsch 116
James Pennebaker 121
James Vicary xi
Jan-Emmanuel De Neve 126
Jason Riis 3
Jenny Riddell 116
Jeremy Bullmore 42
Jessica Tofighbakhsh 45
Joanna Stanley 51, 138, 144
Joel Huber 82
jogo do ultimato 112
John F. Kennedy 42
John Keats 142
John Landis 167
Johnnie Cochrane 48
John Palmer 105
John Payne 82
Jonah Berger 41, 88
Jonathan Freedman 19, 25

K

Kaori Kashimura 143
Karen Dion 143
Katherine Milkman 3, 7
Keith Coulter 91
Keith Dear 119
Keith Hawton 23
Kristin Laurin 127
Kunal Basu 154
Kurt Lewin 15

L

lacuna entre intenção e ação 5
Larry Compeau 144
Leonid Shutov 18
Les Binet 106, 151
Linguabrand 63
linguagem concreta 62
Lisa Cameron 112
Louis Cheskin x
Luxi Shen 10
Lynn Hasher 83

M

Mark Lepper 20
Martin Boase 151
Martin Eisend 150
Masaaki Kurosu 143
Matthew McGlone 45
Maurice E. Schweitzer 150
Max Bazerman 114
Melissa Bateson 119
memorabilidade 150, 161
memória seletiva 158
memorização 43, 149
métricas intangíveis 141
Michael Efran 143
Michael Havelock 58
Michael Lynn 99
Michael Norton 29, 34, 126
Michael Santos 67
Mike Treharne 38, 57, 59
Milan Kundera 157
mudança comportamental 5, 15
mudança motivacional 15

N

Nassim Nicholas Taleb 50
Nationwide 6, 7
negligência do denominador 86
negligência do valor base 75
Nicolas Guéguen 125, 147
Nir Eyal 2
Norbert Schwarz 52
Norman Slamecka 37
números específicos 68

O

O Economista Clandestino 15
Ogilvy Change 25
Ogilvy Consulting 93
O. J. Simpson 47
opção do meio 77

P

paralisia da escolha 20, 21
Paul Slovic 63
"pé na porta" 19, 25
Pepsodent 6
percepção 145
  de intencionalidade 135
  positiva 155
persuasão 40
Peter Bergman 16
Peter Field 151
Peter Graf 37
Petra Filkuková 48
Phillippa Lally 12
Phil Rosenzweig 142
Plus 79
poder
  da precisão 69
  do enquadramento 107
  dos substantivos 110
polícia de West Midlands 4
"porta na cara" 26

princípios de equidade 116
priorizar as perdas 107
publicidade subliminar xi

Q

Qian Wang 31
quebra de convenção 131
  intencional 134

R

raio de alcance xiii
Rajesh Sethi 144
Raj Raghunathan xiii
reação do público 160
reatância 121
reciprocidade 27
reenquadramento temporal 97
regra do pico-fim 158
regra dos 100 88
Reid Hastie 80
relevância xii
retenção da informação 38
Richard Nisbett 138
Richard Nixon 42
Richard Thaler 116
Richard Yalch 68
Rightmove 60
rimas 46
  como efeito racional 47
Robert Burnkrant 41
Robert Cialdini 26
Robert Peterson 109
Robert Schindler 68
Robin Coulter 91
robustez xii
Rohini Ahluwalia 41
Rolf Schmittberger 112
Rory Sutherland 25, 83
Roy Baumeister 162
Ryan Buell 34
Ryan Elder 60

S

Sally Blount 114
Samuel Smiles 2
Sarah Carter 106, 153
Sarah Milne 5
Scott Fraser 19, 25
senso de justiça 110, 113
Seymour Epstei 86
Sheena Iyengar 20
Shel Feldman 161
Shlomo Benartzi 9
Silvia Bellezza 131
simplicidade 63
Smash 49
Solomon Asch 129
Sumran Kaul 132
Sunghan Kim 83
Susan Brosnan 113
Susan Fiske 1
Sven Hroar Klempe 48

T

tangibilidade 142
tática da repetição 56
T. Bradford Bitterly 150
técnica de chunking 8
técnicas contraintuitivas
  pé na porta 19
testes monádicos 97
The Economist 39
The Marketing Practice 78
Tide 79
Tim Harford 15
Tim McClure 22
Timothy Wilson 96, 138
Todd Rogers 7, 16
Tom Vanderbilt 31
transferência de sensação xi
transparência 33

U

Ulf Böckenholt 78
United Airlines 75
uso de substantivos 109
uso do humor 148

V

Vance Packard xi
Vani Pariyadath 165
VCCP 6
veracidade 47
verdadeiras motivações 96
Veronika Denes-Raj 86
viés de memória 37
viés de negatividade 161
viés psicológico 33

W

Wendy Wood 2
Werner Güth 112
William James 141
WYSIATI 105

SOBRE O AUTOR

Richard Shotton é especialista na aplicabilidade da ciência comportamental ao marketing. Há 22 anos ele trabalha nesse campo, tendo fundado a agência de consultoria Astroten em 2018, que já ajudou marcas como Google, Meta, BrewDog e Barclays a solucionar seus desafios de marketing a partir da ciência comportamental.

Richard também é autor de *The Choice Factory* que identifica 25 vieses comportamentais que podem ser usados para solucionar dilemas do mundo dos negócios. *The Choice Factory* foi traduzido em doze idiomas, conquistando os prêmios de "melhor venda" e "livro de marketing" no Business Book Awards.

Em 2021, Richard tornou-se membro honorário na IPA e membro associado do Moller Institute, Churchill College e da Universidade de Cambridge

Na sua conta do X (antigo Twitter), @rshotton, publica diariamente sobre as mais recentes descobertas do mundo da psicologia social.